项目资助来源：广州市哲学社会科学发展"十四五"规划项目
实技术'活化'羊城工业遗址保护研究"（编号：2022GZGJ290）；广东省教育厅青年
创新人才类项目（人文社科）"虚拟数字化仿真技术在广东工业文化遗址中的传承与应
用研究"（2021WQNCX049）；清远市社会科学规划青年项目"数字经济背景下清远
文创产业消费影响及对策研究"（QYSK2023055）；广东省教育厅教育规划小组办公室
2021年度高等教育科学研究专项"应用型高校对中华传统文化的可视化传播路径与实
践研究"（项目编号：2021GXJK279）；广东省软科学研究项目"粤港澳大湾区城市群
协同创新与先进制造业中心建设：机制、路径和政策研究"（2020A1010020060）。

虚拟现实技术
与文化旅游产业的融合

邢永康　谢添德　著

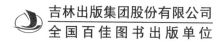

吉林出版集团股份有限公司

全国百佳图书出版单位

图书在版编目（ＣＩＰ）数据

虚拟现实技术与文化旅游产业的融合 / 邢永康，谢
添德著 . -- 长春：吉林出版集团股份有限公司，2024.5
ISBN 978-7-5731-4957-2

Ⅰ . ①虚… Ⅱ . ①邢… ②谢… Ⅲ . ①虚拟现实－应
用－旅游文化－产业发展－研究 Ⅳ . ① F592

中国国家版本馆 CIP 数据核字 (2024) 第 097138 号

XUNI XIANSHI JISHU YU WENHUA LÜYOU CHANYE DE RONGHE

虚拟现实技术与文化旅游产业的融合

著　　者　邢永康　谢添德
责任编辑　杨　爽
装帧设计　优盛文化

出　　版　吉林出版集团股份有限公司
发　　行　吉林出版集团社科图书有限公司
地　　址　吉林省长春市南关区福祉大路 5788 号　邮编：130118
印　　刷　河北万卷印刷有限公司
电　　话　0431-81629711（总编办）
抖 音 号　吉林出版集团社科图书有限公司　37009026326

开　　本　710 mm×1000 mm　1 / 16
印　　张　12.5
字　　数　200 千字
版　　次　2024 年 5 月第 1 版
印　　次　2024 年 5 月第 1 次印刷

书　　号　ISBN 978-7-5731-4957-2
定　　价　78.00 元

如有印装质量问题，请与市场营销中心联系调换。0431-81629729

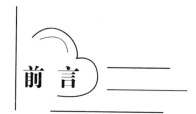

前　言

　　随着科技的飞速发展，人们的文化旅游消费需求也发生了根本性的变化。传统的旅游方式，如参观博物馆或历史遗迹，通常是静态的体验，游客被导游带领着参观，信息的传递方式单一。在数字时代，游客越来越期望以互动式、沉浸式的旅游方式来了解和体验不同的旅游景点，这就要求文化旅游产业采用创新的方式来满足游客的需求。此外，数字技术的广泛应用也在全球范围内推动了文化旅游产业的现代化和智能化发展，推动文化旅游产业数字化、智能化发展的主要动因如下：

　　（1）互动式和沉浸式体验的需求。现代游客不再满足于被动观赏文化遗产，他们更希望参与其中，与历史、艺术和文化互动。这种对互动式和沉浸式体验的需求驱使文化旅游产业采用数字技术，以使游客产生更强烈的参与感和沉浸感。

　　（2）数字技术的普及。随着智能手机、平板电脑和高速互联网的普及，游客在旅行过程中拥有了更多的数字化工具和便利条件，可以随时随地获取信息，这也为文化旅游产业数字化发展奠定了基础。

　　（3）文化传播的新方式。数字技术为文化传播提供了全新的方式，不仅可以将文化传播给更多受众，还能以更生动的方式呈现文化。利用虚拟现实技术、增强现实技术等，文化旅游产业可以更生动地讲述故事，展示历史，传递价值观。

　　（4）政府政策的支持。许多国家和地区已经意识到文化旅游的重要性，并通过政策支持文化旅游产业的数字化、智能化发展。

　　在数字技术不断发展的背景下，我国也一直推动数字技术保护传统

1

文化遗产的工作。《"十三五"国家战略性新兴产业发展规划》明确指出，鼓励对艺术品、文物、非物质文化遗产等文化资源进行数字化转化和开发。依托地方特色文化，创造具有鲜明区域特点和民族特色的数字创意内容产品。加强现代设计与传统工艺对接，促进融合创新。提高图书馆、美术馆、文化馆、体验馆数字化和智能化水平，加强智慧博物馆和智慧文化遗产地建设，创新交互体验应用。

虚拟现实（virtual reality, VR）技术是一种创新的数字交互技术，旨在在计算机模拟的 3D 虚拟环境中为用户提供身临其境的体验。通过使用控制器或手势，用户可以主动与虚拟对象互动，从而提升整体交互体验。在过去的几年，VR 技术对娱乐行业产生了重大影响，并扩大了其在医疗、教育和旅游等各个领域的影响力。

由于国家政策的支持，近年来涌现了不少优秀的"互联网 + 文博旅游"的新路径。基于 VR、AR 与真实环境交替的遗址展示信息设计成了当下的热点之一，如故宫文化资产数字化应用研究所的《紫禁城·天子的宫殿》用 VR 技术展现太和殿，《灵沼轩》用 VR 技术复原建筑遗址。

由文化旅游产业发展现状可以看出，提高图书馆、美术馆、文化馆、体验馆的数字化和智能化水平已成为重要议题，加强智慧博物馆和智慧文化遗产地建设已成为当今文化旅游产业发展的主要方向之一。在这一趋势下，创新的交互体验应用逐渐占据核心地位。借助 VR 技术，文化旅游产业得以实现动态的文化传播和发展，更能使游客获得沉浸式体验。VR 技术使将文化遗产和历史场景转化为虚拟资产成为可能，这不仅仅响应了国家政策，更满足了文化旅游中游客对互动式、沉浸式体验的需求。VR 技术不仅可以催生现代化的数字展示理念，还能重新定义传统文化遗产的呈现方式。

尽管拥有很大的潜力，但目前的 VR 文化旅游市场的发展呈现出参差不齐的局面。不同产品的质量和带来的用户体验存在较大差距。因此，需要对现有的人机交互理论、VR 技术特性以及 VR 技术在文化旅游产业中的应用进行分析，并基于此建立用户体验测试实践流程指南，为我国文化旅游产业数字化转型提供依据。这样做，不仅能够推动文化旅游产业与VR技术的融合，也能够促进文化旅游产业的升级与创新。

本书对VR技术与文化旅游产业的融合进行了研究，目的是帮助专业人员正确运用VR技术，以适应未来文化旅游产业数字化发展的需求。本书的主要章节内容安排如下：第1章对VR技术予以概述，为后续章节的研究奠定了基础；第2章在介绍数字旅游的基础上，深入探讨了VR技术在国内外文化旅游产业中的应用现状以及VR技术对文化旅游产业的意义，使读者对行业形成较全面的认知；第3章在介绍经典人机交互理论的基础上，探讨了人机交互理论对VR文化旅游产业发展的意义；第4章聚焦VR技术如何激发用户的探索欲望，探讨了VR游戏与VR文化旅游产品的区别，构建了一个平衡教育与娱乐的理论框架，为设计和开发沉浸式VR文化旅游产品提供了理论支持；第5章和第6章介绍了如何通过计算机图形技术构建三维场景，促进文化景点和遗址的线上展示与传播；第7章分析了如何对VR文化旅游项目进行用户测试，为VR技术融入文化旅游产业提供了科学依据；第8章引入了元宇宙的概念，分析了当前VR文化旅游产业中存在的问题，并就元宇宙与文化旅游结合的新格局进行了探讨。

邢永康撰写本书第1、2、4、5、6、7、8章（185 000字），谢添德撰写本书第3章（15 000字）。通过这些章节的有机串联，本书旨在向读者介绍关于VR技术在文化旅游产业中的应用全景，同时探索未来文化旅游产业数字化发展的前景。由于笔者的知识和能力有限，书中可能存在不足之处，恳请广大读者批评和指正。

邢永康　谢添德

2024年1月

目 录

第 1 章　虚拟现实技术概论

虚拟现实（virtual reality, VR）技术是一种综合计算机图形技术、多媒体技术、传感器技术、人机交互技术等多种技术的数字技术。它使用户能够操作计算机，从而参与虚拟环境（virtual environment, VE）的交互。其突出特点包括：全景体验、实时反馈和交互性。通过虚拟环境与现实手势交互的结合，为用户提供沉浸式的体验。VR 技术可以利用其沉浸式特性来提高交流和学习效率并通过计算机图形技术更好地模拟不同的科学实验场景，以提供高效的虚拟仿真教育。因此，VR 技术不仅为游戏行业开辟了新的娱乐方式，还在教育、商业和医疗等领域展现出较大的潜力。

考虑到 VR 技术在信息社会中的重要性以及其良好的发展前景，本章的首要任务是对 VR 技术进行一次全面而深入的分析，以让读者对 VR 技术有一个全面了解，为进一步探讨 VR 技术在文化旅游产业中的应用提供坚实的基础。

1.1 虚拟现实技术的发展历程

VR 技术的应用并不局限于科学领域。在建立完整的 VR 技术框架之前，艺术领域就有了 VR 这一概念。VR 最初作为一种纯粹的科幻构想，被许多艺术家用在他们的作品中。这些艺术作品旨在挑战观众的感官，让他们沉浸在虚拟世界中。这些早期的艺术实验为后来 VR 技术的出现奠定了基础。正是在文化和艺术的影响下，科学家得到了灵感，并将艺术中的 VR 理念引入自然科学中。这些努力促成了 VR 技术的进一步发展。因此，有必要从艺术发展史和科学发展史两个方面对 VR 技术的发展历程进行回顾，然后在此基础上对 VR 技术的发展史进行整体分析。这有助于人们更全面地了解 VR 技术。

1.1.1　虚拟现实技术的艺术发展史

15 世纪，意大利艺术家乔瓦尼·冯塔纳（Giovanni Fontana）设计了一个名为 CAVE 的沉浸式装置。该装置使用大型灯笼将图像投射到房间的墙壁上，为观者提供了一种沉浸式的体验，使得观者能够更加沉浸式地欣赏艺术品。该装置可以用于展示不同的艺术品。这种沉浸式的体验方式可以说是 VR 技术的早期尝试。而沉浸式和 VR 这两个概念也是在该发明问世后被艺术家首次提出。

在接下来的几百年里，更多的艺术家为构建和补充 VR 概念做出了贡献。1958 年，安托南·阿尔托（Antonin Artaud）的定义被认为是现代 VR 概念的一个重要里程碑。他是戏剧领域著名的发明家和艺术家。他的研究涵盖多种 VR 元素，如人物、物体和图像等，这些元素对现代 VR 技术的发展和应用起到了重要的推动作用。他的理论对现代戏剧艺术的发展产生了积极影响，标志着 VR 技术逐渐从艺术领域转向科学领域，对后来的 VR 技术的研究和应用产生了深远影响。

除艺术装置外，科幻小说也在推动 VR 技术的发展方面发挥了重要作用。20 世纪 80 年代至 90 年代的众多科幻小说描述了在未来技术支持下人们在虚拟世界中的冒险故事。这些小说中的虚拟世界概念启发了科学家和工程师。例如，《真名实姓》《神经漫游者》和《雪崩》等小说阐述了人们与虚拟世界交互的不同可能方式，如在线社区概念和 VR 头戴式显示器（head-mounted display, HMD）等。虽然其中的 VR 概念与现在的 VR 技术的概念可能存在许多差异，但它们开启了科学家对 VR 技术的想象和探索，直接推动了 VR 技术的发展和应用。此外，科幻电影也做出了类似的贡献。电影《割草机人》和《少数派报告》都对 VR 技术的发展产生了重要影响。尤其是《少数派报告》中描述的用户与现实中的虚拟用户界面进行交互的方式，将 VR 技术的概念从虚拟世界拓展到了现实世界，对后来的 VR 技术研究和应用都有重要的启示作用。

1.1.2　虚拟现实技术的科学发展史

莫顿·海里格（Morton Heilig）于 1962 年开发了机器 Sensorama（虚拟现实设备），这是最早的 VR 系统之一。受到 Artaud 安托南·阿尔托（Antonin）提出的虚拟剧院概念启发，Sensorama 使用了安托南·阿尔托的理论框架，通过立体图形和音频为用户提供沉浸式体验的视频播放，设计了一种全新的与虚拟世界交互的方式。这个早期的 VR 系统为后来的 VR 技术的发展和应用奠定了坚实的基础，对现代 VR 技术产生了重要影响。

然而，Sensorama 是一台庞大的机器，无法携带。罗伯特·斯普劳尔（Robert Sproull）和伊万·萨瑟兰（Ivan Sutherland）于 1965 年发明的 "The Ultimate Display" 则是一种先进的便携式设备，被广泛认为是 VR 行业的第一个头戴式显示器（Head-Mounted Display, HMD）。它将 VR 和便携性结合在一起，使得 HMD 的概念得以产生。在接下来的几十年里，科学家和企业在 HMD 基础上不断开发出更加先进和便携的 VR 设备，推动了 VR 技术的不断发展和应用。

1984 年，艾姆斯研究中心设计了一种名为"虚拟环境工作站"的 HMD 系统。与 "The Ultimate Display" 相比，艾姆斯研究中心设计的 HMD 系统具有更强大的计算机图形处理能力，并能够跟踪用户的头部位置和手指手势。虚拟环境工作站定义了 VR 中的交互方法，如头部运动和手势区分，为后来的 VR 交互机制标准的确立和发展提供了参考。

随着计算机图形学的发展，HMD 研究领域已经不满足于在虚拟世界中探索，开始与现实世界交互。1994 年，保罗·米尔格拉姆（Paul

Milgram）和岸野文郎（Fumio Kishino）提出了"从现实到虚拟"的概念，并对 VR 重新进行了定义。在这个基础上，他们总结了行业发展历史，并提出了 VR、增强现实（augmented reality, AR）和混合现实（mixed reality, MR）的概念。

正如 Milgram 和 Kishino 的展望一样，随着计算机图形学的不断发展，HMD 研究领域已经不再满足在虚拟世界中进行探索，而开始寻求与现实世界的交互。之后，业界将扩展现实（extended reality, XR）作为使用 HMD 技术的统称，根据不同的虚拟比例，将其分为 VR、AR 和 MR。这些技术的不断发展推动了 VR、AR、MR 的业界标准和规范的建立。

2010 年后，VR 技术开始在商业市场中广泛应用。Oculus Rift 是第一个著名的商业 VR 设备，于 2013 年推出。随后，HTC Vive 和 Valve Index 陆续发布。AR 技术在 2014 年主要用于 Android、iOS 等移动平台上，ARKit 和 ARCore 成为移动平台中主要的 AR 开发框架。2015 年，微软发布了 MR 设备 HoloLens。需要注意的是，XR 的各种行业标准也在 2010—2020 年陆续确立。这些技术的不断发展和应用为人们提供了更加丰富、逼真的沉浸式体验。

1.1.3　虚拟现实技术的发展史分析

在 VR 技术发展历史中，艺术的发展和科学的发展是相辅相成的关系，如图 1-1 所示。VR 的概念和最初的框架源于艺术家的设想，这些艺术理念可能与实际的科学发展相去甚远，但随着技术的不断进步和发展，科学家通过不断改进 VR 设备，逐渐让基于艺术家的设想的 VR 概念变成现实。

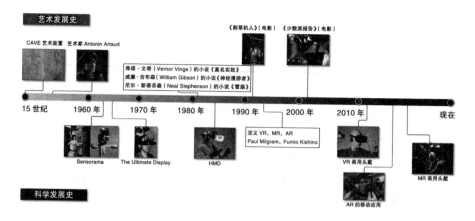

图 1-1 VR 技术的发展历程

回顾 Sensorama、The Ultimate Display、HMD 和 Oculus Rift 等产品的出现，可以看出 VR 行业经历了一个渐进的发展过程，VR 技术也从最初的不完善逐渐发展成熟，并被广泛应用。VR 技术和 VR 产品的不断改进和发展，为人们提供了更加丰富、逼真的虚拟现实体验。从艺术的灵感到科学的推动，VR 已经走过了漫长的发展历程，如今正融入各领域，带给人们前所未有的沉浸式体验。

与此同时，VR 技术的持续发展对艺术领域，尤其是科幻小说和电影，产生了深远影响，对创作者的创作理念也产生了重大影响。例如，艾姆斯研究中心的交互式头戴显示器（HMD）为编剧提供了灵感，他们开始构思具有交互性的情节，并将 VR 元素引入与现实环境互动的电影情节中。人们重新定义 VR，并重新对其进行分类，以更好地适应不断演进的技术和媒体形式。这种技术与创作领域的互动和融合为科幻小说和电影的创作提供了新的可能性。编剧现在可以更深入地探索虚拟世界与现实世界之间的联系，并将自己的想法融入作品，创造更加引人入胜和复杂的故事情节。这不仅丰富了科幻作品的内涵，还为人们提供了更好的体验。随着 VR 技术的发展，未来可以看到更多与 VR 相关的文学和电影作品，这将继续推动创作领域的创新和发展。

1.2 虚拟现实技术的特征

VR 技术具备三个主要特征，即全景体验、实时反馈和体感交互。下面将深入研究这三个特征，以及它们对 VR 体验的重大影响，进一步探讨 VR 技术的潜力。

1.2.1 全景体验

传统的应用程序用户界面（user interface, UI）设计主要关注二维（two-dimensional, 2D）空间。在这种设计中，开发人员必须将所有的组件都布置在同一个平面上。因此，他们需要考虑如何在有限的屏幕空间中，将主要信息迅速传递给用户，并满足用户的视觉审美要求。这种 UI 设计方法在实际应用中存在着一定的空间限制。与传统应用 UI 相比，VR 技术突破了空间限制。VR 最显著的特点之一就是全景视觉体验。通过上下左右的视角旋转操作，UI 空间从原本的 2D 平面变为了 720 度的全景。这意味着在 VR 产品中，UI 设计可以在突破 2D 空间限制的基础上拥有更多的创新空间。然而，这个广阔的空间也带来了一些明显的问题。有研究表明，一些 VR 应用程序的 UI 组件会被放置在用户的头顶或背后，这些位置对用户来说是不可见的。如何引导用户在设计者的规划下操作 UI，需要 UI 设计研究者进行深入研究。目前，在 VR 模式下的 UI 布局主要采用了两种方式：2D UI 布局和 3D（three-dimensional）UI 布局。

1. 2D UI 布局

2D UI 布局主要有两种方案。

第一个方案是将 UI 布局在一个平面上，类似传统的 Web 和移动应用 UI 设计方法。开发人员设置了一个平面，用于在 3D 空间中摆放 UI 元素，而所有的 UI 组件都位于这个平面上。一个典型的应用案例是 Gear VR 的主页（见图 1-2）。

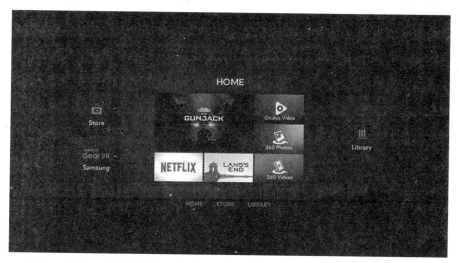

图 1-2　三星 Gear VR 设备主页

该方案的显著优点是遵循用户的传统使用习惯，用户在使用时可以很清楚地看到所有可用的功能。其主要缺点是不能充分利用 3D 空间的特性。如果 UI 布局遵循传统的 2D 布局方式，对用户体验的视觉冲击会远低于预期。另外，为了方便用户使用，VR 模式下的 UI 组件尺寸要比较大且处于同一平面。因此，屏幕中排列的组件较少，当程序应用功能变得复杂时，就会给 UI 设计带来困难。

第二个方案是抬头显示（head-up display, HUD）设计。HUD 将信息以立体倾斜的形式置于用户的视野中。当用户旋转视角的时候，HUD 的信息也会跟着旋转。虽然它非常方便并且为用户提供了沉浸式体验，但缺点也很明显。首先，人类的有效视野是有限的。其次，大量信息放置在上、下、左、右等外围位置会分散用户的注意力。最后，信息放置得太近和太远都会导致模型在场景中穿插。因此，该方案可以包含一些必要的信息，以为用户提供身临其境的体验。然而，它无法将所有信息放入一个 HUD 界面中。电影中的 HUD 科幻概念和现实应用还是有一定差距的。

2D UI 布局方法可以帮助用户快速学会 VR 设备。然而，随着 VR 应用功能的逐渐复杂，开发人员已不能依赖它们来满足用户对沉浸式立体界面的需求。随着 VR 技术的不断发展，开发人员需要更灵活、创新的设计方法来应对日益复杂的 VR 应用场景。

2. 3D UI 布局

3D UI 布局是另一种 UI 布局方法，它将 UI 组件分布在 3D 空间中。例如，按钮和图标可能出现在用户的后面或上方。这种方法已广泛应用于许多 VR 应用中，尤其是视频游戏中。然而，研究发现，立体设计需要精通空间感的营造。下面将详细讨论如何在 3D 空间中形成"空间感"。

如图 1-3 所示，组件 A 遵循 2D UI 布局，附着在背景板上。虽然内容易读，但不能为用户提供沉浸式体验。相比之下，组件 B 遵循 3D UI 布局，与背景板之间有间隙，增强了空间感。此外，组件 B 与用户视线处于最佳角度（角度 C），提高了组件的立体感。然而，由于用户的 3D 视野有限，如果角度 C 太高，该组件可能会出现在用户视野之外的位置，这个问题可能会对操作产生负面影响。因此，有必要设置适合用于视觉引导的元素，以指引用户操作。

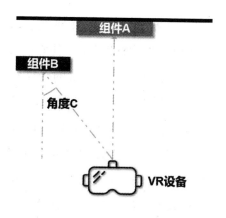

图 1-3 3D UI 布局

需要注意的是，一些应用往往过于强调空间感，可能会导致 UI 组件放置在距离用户太远的地方，难以与用户有效交互。解决该问题的典型示例如图 1-4 所示。组件 A 放置在距离用户较远的地方，如果水平放置，在用户的视角中其宽度会显得较小，这可能会妨碍一些交互操作。因此，组件 A 应该朝用户的方向旋转一定的角度，不必完全水平放置。图 1-4 中组件 B 轻微倾斜，可以方便用户观察，并且不会过度削弱其 3D 感知。对于距离较远的组件，应增大其旋转角度，以方便用户观察。

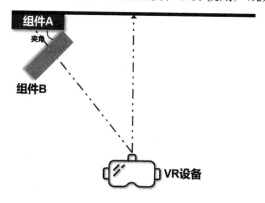

图 1-4 用户视野限制及解决方案

除立体定位外，将用户界面集成到 VR 环境中也可以有效提升用户体验。将 UI 元素放置在相应的 3D 组件上，使它们成为场景元素的一部分，可以显著增强应用程序的沉浸感。本章的研究发现了一些 VR 应用程序中融入环境的案例：将重要信息嵌入场景中，使用 3D 模型来显示信息并在游戏中定位信息（如排名板）。此外，通过简单的引导信息将 UI 信息直接融入用户的动作中，如拾取物体或打开背包，而不是依赖传统的 2D 信息控制面板，也是一种有效的方法。这种方式使得用户与界面之间的交互更加自然和流畅，有助于增强沉浸感。

此外，研究发现，长时间与 VR 环境中不同角度和位置的物体进行交互会显著影响空间认知。长期使用 VR 应用程序，用户可以逐渐形成空间交互的习惯，这个过程有助于用户在 3D UI 布局中培养个人的使用习惯。因此，各个 VR 应用程序采用统一的交互机制有助于人们熟练使用 3D UI 的行为习惯的养成。这种统一的交互机制可以使用户更容易适应不同的 VR 应用程序，提高用户的使用体验。

1.2.2　实时反馈

在 VR 环境中，3D 实体的实时交互是创建引人入胜的沉浸式用户体验的核心要求。在 VR 应用程序中，3D 对象必须立即响应用户的每个动作，以提供一种使用户仿佛置身于现实世界中的无缝自然的交互服务。因为系统中的任何延迟或滞后都可能破坏虚拟世界带来的真实感，所以这种实时响应功能对维持用户的存在感和减少用户的负面怀疑情感至关重要。VR 应用程序实时交互不只是响应用户的动作，进行简单的移动和交互，还包括动态环境变化，如照明、物理模拟和复杂的动画。这些元素能够实时渲染和更新，创造丰富且可信的虚拟体验内容。

传统的游戏应用程序和游戏通常只需要渲染一个屏幕，但 VR 需要同时为双眼渲染两个屏幕。因此，目前主流的 VR 硬件性能仍不足以使虚拟画面画质达到传统视频游戏那样高的画质。对此，开发团队通常采用两种方法来应对：降低图像质量和对应用程序的外观进行风格化处理。

降低渲染质量是指降低应用程序的分辨率以及 3D 场景中的模型纹理和材质，但这并不是最优方案，开发人员需要在图像质量和运行速度之间找到平衡点，需要合理降低画质，同时减少用户的负面体验。例如，Epic Games 开发的游戏 "Showdown VR" 在光影、粒子效果、后期制作等高品质表现领域采用了降低画质的优化方法，如消除了所有动态光照、实时阴影，并用模型替换了粒子效果。但在人物、场景等高亮部分依然采用了高品质的纹理和材质，从而确保游戏不会因图形质量下降而带给用户明显的负面体验。

对外观进行风格化处理也是一种解决方案。例如，Us Two 游戏团队为 Samsung Gear VR 开发的益智游戏 "Land's End" 采用了这种方法。该游戏抛弃了对细节要求较高的写实风格，选择了清新、活泼的低多边形风格。该游戏的三维模型并不以追求真实感为目标，而是注重角色特征的表现，给玩家一种清新、简约的视觉体验。这种风格化设计有助于规避平台硬件性能不足的问题。需要注意的是，风格化的外观并不适用于所有应用场景。假如某个应用程序的应用领域是科学研究领域，那么它的虚拟场景可能需要尽可能地还原真实环境，不能有太大的视觉偏差。在这种情况下，风格化和卡通化的外观可能并不适合。因此，不同的应用场景需要根据其目标和用户需求选择最合适的视觉风格。

在 VR 应用程序中，实现实时交互是一项重大的技术挑战，尤其是在处理复杂且图形要求较高的场景时。这需要强大的优化技术、高效的渲染管线以及强大的硬件来计算负载。随着计算机图形技术的不断进步，开发人员要努力提高 VR 应用程序的实时交互性能，以给用户身临其境的虚拟体验。

除了实时交互，用户数据还可以通过 VR 系统的监听模块实时反馈到系统后台。借助 VR 系统的监听模块，开发人员能够实时收集用户在体验过程中的数据。这些数据的持续监测为开发人员提供了依据，使他们能够深入了解用户的行为和反应。这种反馈和数据分析有助于不断改进和优化 VR 应用，以更好地满足用户的需求和期望。

这些实时收集的用户数据可以为开发人员提供 VR 应用程序设计的数据支持。例如，团队可以了解用户在虚拟环境中的移动轨迹、互动频率、停留时长等方面的信息，这些信息可以帮助团队了解用户对不同虚拟元素的感兴趣程度，从而优化虚拟环境的设计和改进交互机制，以更好地满足用户的需求和期望。这种数据驱动的方法有助于开发更加吸引人和有趣的 VR 应用程序，给用户带来更好的体验。

更重要的是，通过实时反馈机制，开发人员可以及时地发现用户可能遇到的问题。如果多个用户在相同的情况下遇到了交互问题，开发团队就能够快速改进，提升用户的体验。这种实时反馈机制有助于提升开发团队对用户需求的敏感度，有助于不断提升 VR 应用程序的质量，为用户提供高质量的虚拟体验。

另外，持续收集的用户数据还可以用于对用户进行更深入的分析。通过对用户的交互模式和行为进行分析，研发团队可以掌握用户在虚拟环境中的偏好和需求。这有助于研发团队更加精准地定制交互机制，以满足不同用户的个性化需求，从而提升用户满意度。

1.2.3 体感交互

1. 眼控交互

VR 眼控交互是指通过眼球追踪技术捕捉用户的眼球运动，并将其转化为控制指令，从而实现在虚拟环境中交互的技术。一些 VR 应用程序通过优化界面工作流程和架构，允许用户使用身体动作（注视和摇头）来实现交互。设计师的目标是通过眼控交互来简化 VR 应用程序的操作流程。如图 1-5 所示，用户注视某个组件几秒钟后，确认操作就会完成。

这种交互模式可以在不破坏用户沉浸感的情况下让用户执行更多的操作，而且无须额外购买控制设备。

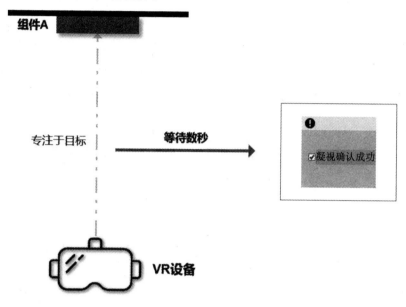

图 1-5 凝视交互确认流程

然而，这种互动模式也存在一些问题。首先，眼控交互中凝视确认的问题是一个亟待解决的问题。目前，许多眼控系统仍然存在延迟触发的问题，这可能导致用户错过按键时机，降低他们继续使用应用程序的意愿。用户反馈的延迟不仅降低了交互的即时性，还可能降低用户的沉浸感。研究人员已经提出了一种二次眼控触发的设计，即需要用户进行两次凝视确认才能完成交互。虽然这在一定程度上可以避免误触或延迟的问题，但如果 VR 应用程序过于依赖多次眼控确认，可能会导致用户眼睛的疲劳。因此，研发团队在设计眼控交互时需要合理安排凝视确认的次数，以确保给用户带来更好的体验。其次，眼控交互的局限性在于它通常支持的是单一的交互操作。虽然这种方式可以实现某些精确的操作，但它限制了多种交互模式的实现。在某些 VR 应用场景中，用户可能需要同时进行多个交互操作，以完成复杂的任务。因此，研发团队需要在眼控交互的设计中考虑如何有效地支持多模交互，以满足用户的多样化需求。最后，眼控交互的界面设计要求功能简捷、清晰，这对研发团队的交互设计提出了更高的要求。眼球的移动和凝视是一种相对复杂的生理过程，用户需要清晰明了的界面来理解如何与虚拟世界进行互动。因此，开发者需要精心设计界面，以确保用户轻松理解和操作，而不会感到困惑或不适。

2. 控制器（手势）互动

随着技术的发展，硬件开发人员开始关注手部追踪控制器：Oculus Touch 和 Knuckles 控制器。其中，Knuckles 控制器可以跟踪每个手指的运动轨迹并识别手势。

Knuckles 控制器的设计旨在彻底简化用户与虚拟环境的交互过程。应用手势识别技术，全新的交互机制得以形成。在交互设计中，UI 是连接人与机器的媒介，UI 的任务不仅仅是传递信息，更是提供一种最直接、最自然的方式来完成复杂多样的任务。当用户能够通过手势识别来进行复杂的交互时，虚拟界面会变得更加直观、更贴近自然。这种简洁的用户界面不仅使用户能够更迅速地掌握应用程序的使用方法，还能够带给用户更好的体验。用户可以花费更少的时间学会如何与应用程序互动，而将更多时间用于获取所需的信息或完成任务。这意味着用户不仅可以更高效地获取信息，还能够在这一过程中获得更愉悦、更顺畅的体验。这种简单而强大的交互方式不仅能满足用户对直观性和效率性的需求，还可以提高用户对虚拟现实体验的兴趣。

随着 VR 技术的不断发展，手势输入将成为常见的输入方式。用户能够通过手势在虚拟环境中进行自然交互，实现更高效、更自然的输入操作。例如，通过简单的手势，用户可以轻松地选择虚拟对象，或与其他虚拟用户进行互动,这将大大增强虚拟体验的沉浸感和便捷性。同时,VR 手势输入技术的发展将推动 VR 技术的进一步普及和发展。随着手势控制的普及,更多的人将被吸引到 VR 世界中,从而推动 VR 应用程序的应用,应用程序可以为用户提供更加生动的体验。未来,人们可以利用手势输入技术进行更加自然、真实的交流和互动。通过虚拟手势,人们可以在虚拟世界中进行交流、演示、教学等活动,就像在现实世界中一样,这将为人们提供更便捷、高效的交流方式,推动社会的发展和进步。无论是跨国企业的远程协作,还是全球范围内的虚拟教育,手势输入技术的运用都将为用户提供更好的体验,加快数字化社会的发展。

1.3 虚拟现实技术的延伸:扩展现实

1994 年,研究者 Milgram 和 Fumio Kishino 提出了"从现实到虚拟"的概念,重新定义了 VR,并为 AR 与 MR 划定了清晰的范畴。这一概念的提出标志着人们开始对虚拟世界与现实世界的交汇进行深刻思考。在业界,VR、AR、MR 通常被统称为扩展现实(XR),并引入了一系列开放标准,如 Open XR,以促进这些技术的发展和互操作性的增强。分类和定义的逐渐明确对推动 VR 技术的发展至关重要,因为其有助于研究者、开发者和用户更好地了解不同技术在不同领域的应用方式和应用潜力。这也为跨领域的合作和创新提供了基础,有望在未来为 VR 技术的普及和应用开辟更广阔的前景。

Open XR 的生态链包括应用平台、游戏引擎、Runtime 和硬件平台等多个组成部分,这个生态系统的设计旨在降低开发者进入 XR 领域的门槛。这意味着开发者可以将更多的精力用于应用程序的开发,而不需要过多担忧不同硬件平台和设备之间的差异。Open XR 作为底层的通用开发框架，负责解决复杂的设备差异和不同平台的兼容问题，这样开发者可以更轻松地创建跨多种 XR 设备兼容的应用程序。这种一体化的开发环境有助于加速 XR 技术的发展，提高了应用程序的可用性和互操作性，给用户带来了更好的体验。Open XR 的一个重要优势在于消除了各种设备和平台之间的技术障碍，这意味着不同厂商的设备能够更容易地与应用程序进行通信和互动，使得开发者的应用程序在各种设备上能够保持一致的性能和用户体验。这有助于减少不同设备和平台之间不兼容导致的问题，也为用户提供了更多的选择。VR、MR 和 AR 之间的区别如图 1-6 所示。下面对 AR 和 MR 进行详细介绍。

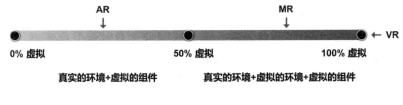

图 1-6　AR、MR 和 VR 的区别

1.3.1　增强现实

AR 的核心特点是通过摄像头捕捉实时环境影像，并在这些实时影像上叠加数字信息层，以增强用户对周围自然环境的感知和理解。 AR 具有三个显著特征：结合性、实时性、交互性。

1. 结合性

AR 的独特之处在于它能够将虚拟信息无缝融入现实世界，为用户提供与现实世界互动的新方式。不同于 VR，AR 不会创造出一个完全虚拟的环境供用户探索，而是通过在现实场景中添加虚拟信息来增强用户的感知。AR 可以实现以下几个方面的增强：①虚拟信息叠加。AR 可以将各种虚拟元素，如 3D 模型、图像、视频等，叠加到用户所看到的现实场景中。这意味着用户可以在自己所在的环境中看到虚拟信息，这些信息与真实世界的物体相互交织，为用户提供混合体验。②信息化增强。AR 可使信息化增强。例如，在教育领域，学生可以通过 AR 应用在课本上扫描页面，获得与课程内容相关的互动 3D 模型或视频，这样可以更生动地学习和理解知识。③实时导航。AR 可以在现实世界中提供实时导航和定位信息。这对行车导航、步行导航以及室内导航都非常有用，用户可以直接看到导航路线或指示。④可视化设计。在建筑和设计领域，AR 可以帮助设计师将虚拟建筑模型叠加到实际场地中，以便取得更好的可视化设计效果。AR 的核心特点在于它能够将虚拟和现实融为一体，为用户提供更加丰富、互动性更强的体验。这使 AR 在多个领域（教育、医疗、娱乐等领域）有广泛的应用前景。未来，随着技术的进一步发展，AR 将继续改变人类与世界互动的方式。

2. 实时性

AR 与 VR 类似，均使用了实时渲染等技术，但是 AR 无法像 VR 那样单独渲染整个虚拟环境，因为 AR 是通过将虚拟信息叠加到现实世界中来实现增强现实的效果的。在 AR 中，虚拟信息需要与现实世界的物体和场景进行高度精准对齐，以确保虚拟元素准确地叠加到实际环境中，这就要求 AR 具备实时的交互和定位能力，以便虚拟信息能够根据用户的视角和位置进行准确的投影。为实现这一目标，AR 系统通常需要借助多种传感器设备和高级算法，如摄像头、GPS、惯性传感器和计算机视觉算法等。

3. 交互性

尽管 AR 和 VR 都强调交互性，但是两者的交互性略有不同。VR 侧重虚拟环境中的动作捕捉和操作，让用户沉浸在虚拟世界中，与虚拟环境进行深入的交互，而 AR 更注重让用户从现实世界中收集信息，通过提供协作元素来协助用户与现实世界进行交互。在 AR 中，用户可以直接在现实世界中看到虚拟信息和元素，这些信息和元素与现实世界相融合，可以增强用户的感知。AR 可以通过提供实时数据、图像、视频等虚拟信息来协助用户与现实世界进行交互。总而言之，AR 更注重从现实世界中收集信息，并提供协作元素来协助用户与现实世界进行交互。

AR 在多个领域中，包括驾驶辅助、旅游、直播和游戏等领域中，都具有很大的发展潜力。通过结合现实环境和虚拟环境，AR 能够提供有助于人们理解复杂现象的视觉信息，并提高通信和处理效率。然而，由于硬件限制，AR 无法生成完整的虚拟环境，这限制了其提供与 VR 类似的沉浸式体验的能力。此外，大多数 AR 设备都是智能设备，如手机和平板电脑等，有限的屏幕尺寸也影响了用户体验的提升，这一限制对 AR 的广泛应用提出了重大挑战。

1.3.2 混合现实

MR 是一个结合了 AR 和 VR 的概念。VR 创建的虚拟世界与现实世界完全隔离，而 MR 能够在现实世界的基础上构建虚拟环境。MR 通过将虚拟信息与现实世界相结合，为用户提供更真实、更自然的交互体验。在 MR 中，虚拟环境是基于现实世界的场景和物体构建的，用户可以在现实世界中看到虚拟物体和信息，这些虚拟物体和信息与现实世界相融合，增强了用户的感知。与此同时，MR 和 VR 之间存在一些相似之处，如它们都将头戴式显示器（HMD）作为操作设备，这表明 MR 是基于 VR 架构延伸的一种新方向。传统 AR 可以基于现实环境构建交互式虚拟元素，但如果没有实际环境影像，它无法单独渲染出一个虚拟环境，尤其是在移动设备限制的情况下。相比之下，MR 可以生成类似 VR 的虚拟世界，并提供与现实世界交互的功能。与 AR 相比，MR 更倾向虚拟而非现实。综上所述，可见 MR 结合了 AR 和 VR 的优势，其应用范围可能比 AR 和 VR 更广。

MR 极大地改变了现代人与数字信息互动的方式。例如，HoloLens 是 MR 设备之一，为用户提供了身临其境的体验，使他们能够在各种 MR 应用中探索信息。MR 对医学、工程等领域业尤为重要，因为这些行业的用户需要将虚拟环境与现实世界融合起来以进行信息交流和理解。在医学领域，MR 可以用于手术模拟、解剖教育、远程医疗等方面，医生可以利用 MR 将虚拟图像与患者的实际生理数据相结合，以更好地理解病情并制订治疗方案。MR 还可以提供更真实的交互体验，使医生在进行手术操作时更加准确。在工程领域，MR 可以用于设计审查、装配模拟、维修培训等方面。工程师可以利用 MR 将虚拟模型与实际零部件或设备相结合，以更好地理解和解决问题。此外，MR 还可以提供更真实的交互体验，使工程师在进行装配和维修操作时更加准确。总之，MR 在医学、工程等领域具有广泛的应用前景，它不仅提供了更好的信息理解和交流方式，还提高了用户的操作效率。

尽管 MR 结合了 AR 和 VR 的优点，但它仍然存在一定的局限性。首先，由于硬件成本高昂，MR 设备的价格较高，其价格通常为 2 000～3 500 美元，而大多数 VR 设备的价格低于 1 000 美元，这限制了 MR 设备在消费市场的普及。其次，MR 设备的视野范围相对较窄。例如，HoloLens（MR 设备）的视野范围有限，这意味着用户只能在有限的空间中看到虚拟物体，超出这个空间可能无法观察到虚拟内容，这对用户的体验产生了很大的影响。综合而言，MR 在降低成本、改善硬件性能以及扩大市场范围等方面仍然需要不断改进和发展。这将有助于 MR 普及，并提升用户体验。

1.4　虚拟现实技术的研究现状

随着 VR 技术的迅速发展和用户对沉浸式体验的需求增加，VR 行业迅速发展。为深入了解其发展状况，本章进行了案例研究，其中一篇备受关注的论文是桑尼·E. 柯克利（Sonny E. Kirkley）和杰米·R. 柯克利（Jamie R. Kirkley）于 2005 年发表的题为《使用混合现实、视频游戏和模拟创建下一代混合学习环境》的论文。截至 2023 年 8 月 7 日，这篇论文已被引用了 383 次。本节之所以选择这篇论文作为案例研究的对象，是因为它较早对 VR 产业的未来发展进行了预测，并且获得了较高频次的引用。

本节首先总结了 Sonny E. Kirkley 和 Jamie R. Kirkley 在其论文中提出的主要观点，并分析了哪些引用实际上证实了两人对技术领域的预测。其次，对不同领域的论文引用情况进行了统计分析，包括文章类型和关键词，以便人们更深入地了解 VR 技术领域的发展趋势。通过这些综合性的分析研究，让大众更好地了解当前 VR 技术的发展趋势。

1.4.1　Sonny E. Kirkley 和 Jamie R. Kirkley 对 VR 未来的展望

Sonny E. Kirkley 和 Jamie R. Kirkley 构建了关于 VR 教育的概念框架，并提出了未来的可能性观点。Sonny E. Kirkley 和 Jamie R. Kirkley 将 VR 教育划分为两个主要领域：学习环境和专业技能培训。学习环境主要关注如何构建虚拟世界，专业技能培训则更加关注虚拟世界与现实世界的互动。

本章将 Sonny E. Kirkley 和 Jamie R. Kirkley 的展望总结如下：①学习环境。教育工作者可以利用模拟技术现场展示历史场景，实时观看数字化重演的历史事件；在模拟训练中，军人可以通过 HMD 接收虚拟环境中共存物体的指示信息，如车辆、建筑物以及战友的火力。②专业技能培训。环境科学专业的学生可以在户外活动中使用手持电脑获取关于位置的信息；建筑专业的学生可以将计算机辅助设计（computer-aided design，CAD）模型投射到真实城市塑料模型上，以便自己可以在现实中与模型互动，分析不同类型的建筑物。

Sonny E. Kirkley 和 Jamie R. Kirkley 的第一个展望集中在虚拟环境的构建上。2012 年，加勒特（Garrett）开发了一个 VR 学习平台，该平台协助教育者利用 3D 游戏技术进行采矿业培训。该项目成功使 Sonny E. Kirkley 和 Jamie R. Kirkley 的第一个展望，即通过生成模拟环境来为相关领域的学生和专业人士提供教育服务，变成现实。

从 2010 年开始，已有多个军事训练模拟系统用于军工行业。其中，多用途优先级训练、基于模拟的训练、基于模拟的团队训练和基于演示的学习是空军工业中的主要训练系统。这些系统模拟创设了综合环境，旨在确保操作员的虚拟学习能够满足无人机系统的驾驶需求。由上述多个军事训练模拟系统在军工行业的应用可以得出 Sonny E. Kirkley 和 Jamie R. Kirkley 关于军工应用展望基本在 2013 年变成现实的结论。

Santoso、Yan 和 Gook 于 2013 年开发了一款 AR 应用程序来帮助学生提高空间认知能力。该应用程序是在 iPad 平台上开发的，使用摄像头跟踪现实中的标记对象，并在标记对象旁边显示 3D 虚拟元素。该项目要求用户将彩色 3D 标记指向书本，以便系统显示数字信息，并使用移动设备来开发 AR 系统的教育目的。该项目使 Sonny E. Kirkley 和 Jamie R. Kirkley 第三个展望中的三个核心概念，包括"移动智能设备""基于位置的信息交互"和"自然科学课程教育"，变成现实。

美国宇航局的 OnSight 软件旨在利用 3D 捕获图像，构建火星的 3D 虚拟环境。该项目采用了 HoloLens，用于提供立体化的体验。当多名研究人员佩戴 HoloLens 进入同一空间时，他们可以在相同的虚拟环境中进行互动和交流。这个项目在 2016 年获得成功，使 Sonny E. Kirkley 和 Jamie R. Kirkley 的第四个展望成为现实。

在 2013 年，麻省理工学院的 ARC 小组首次开发了 Multirama 项目，并在 2015 年对其架构进行了改进。该项目将实体模型的数据作为基础数据，并通过移动设备将数字模型和信息添加为叠加层。另外，该项目还提供了交互功能，帮助建筑系学生理解现实世界与虚拟世界之间的关系。Sonny E. Kirkley 和 Jamie R. Kirkley 的第五个展望在此项目中成为现实。

通过上述分析，可以明显看出 Sonny E. Kirkley 和 Jamie R. Kirkley 的展望已经全部成为现实。每个研究方向的首批成果都在 2010 年到 2015 年出现。因此，有必要讨论为什么在同一时期内诞生了这些 VR 应用成果，以及 VR 理论如何实际应用。这个时期的突破可能与多个因素相互作用有关，包括技术进步、资金投入、市场需求等。此外，研究者和从业者的合作也可能促成了这些成果的快速涌现。在这个过程中，研究者和从业者密切合作，将理论应用于实际，从而推动了 VR 技术的发展。这个时期的成功案例也为后续的研究提供了宝贵的经验和启示。

1.4.2　VR 文献研究现状

为了解 VR 理论如何转化为 VR 应用，本节提取了 383 条引用并分析了数据。这里将引用分为三个部分：理论、应用和其他。三个部分的定义如下：①理论。理论包括 VR 理论概念、概念框架、文献综述和社会调查。②应用。应用包括算法、VR 应用、体系结构和交互开发。③其他。其他是指非英文撰写的论文，没有英文标题和摘要。为了避免翻译错误，本节将这些文章放入未知组，统计相关数据并制作了表 1–1 说明 2005—2023 年的被引情况。

表1-1　2005—2023年的引用情况分析

年份 / 年	理论 / 条	应用 / 条	其他 / 条
2005	3	0	0
2006	10	1	0
2007	6	1	0
2008	13	3	1
2009	8	2	0
2010	11	4	3
2011	23	4	0
2012	14	4	2
2013	12	3	3
2014	14	10	0
2015	5	3	0
2016	9	8	2
2017	17	8	2
2018	5	12	3
2019	11	13	2
2020	11	15	1
2021	12	20	2
2022	10	23	4
2023（截至 2023 年 8 月 7 日）	11	17	2

　　根据研究收集的数据，本节可以总结一些显著趋势，并将这些年划分为四个阶段。

　　第一个阶段为 2005—2007 年。这个阶段没有出现与 VR 相关的重要的应用型论文。虽然有两篇文章涉及 VR 在线应用开发，但这两篇文章主要关注教育领域的网页设计和 2D 游戏设计。因此，该阶段主要呈现出理论研究远多于实验研究的特点。

　　第二个阶段为 2008—2013 年。在这个阶段，一些与 VR 相关的应用型论文开始涌现，但与理论型论文相比，应用型论文的比例仍未达到理论型论文数的 50%。这一时期的 VR 应用主要集中在娱乐领域，主要为游戏开发人员利用 3D 技术设计了引人入胜的虚拟环境。因此，可以推测在这个时期，Sonny E. Kirkley 和 Jamie R. Kirkley 所描述的能提供虚拟学习环境的设备初步进入市场。需要注意的是，此时的重点在于虚拟环境应用于计算机和视频游戏领域，而不是应用于配备手势控制器的 VR 设备。此外，一些来自 AR 领域的应用也开始出现。尽管 AR 和 MR 领域有一些发展，但其发展仍然受到一定的限制。

　　第三个阶段为 2014—2017 年。这个阶段出现了许多与 VR 相关的应用型论文。与理论型论文相比，应用型论文的数量占比达到了 50%。与第二个阶段相比，第三个阶段 AR 和 MR 领域产生了更多的互动项目。Kirkley 所描述的学习技术大规模应用也在这一阶段成为现实。

　　第四个阶段为 2018 年至今。在这个阶段，与 VR 相关的应用型论文数量大大增加。一个值得注意的现象是，应用型论文的数量首次超过了理论型论文。随着互联网服务质量的提升以及计算机硬件性能的不断提升，更快速的信息传输得以实现。因此，许多研究人员不再只关注传统的娱乐领域，开始关注使用 VR 技术为用户提供更好的体验。这种转向标志着 VR 技术正逐渐应用于更广泛的领域，为工作和学习等实际应用带来新的可能性。

　　通过分析这四个阶段的数据可以明显看出，VR 技术研究和 VR 行业发展共同影响了 VR 技术的发展。首先，在技术突破之前，许多研究者研究工作主要集中在理论层面。这一时期的研究主要探讨了 VR 的概念、理论框架以及潜在应用领域。这些理论研究为后来的实际应用奠定了基础。其次，随着计算机图形技术的飞速发展，虚拟环境这一概念开始应用到 VR 应用程序中。这说明技术逐渐成熟，研究人员能够将虚拟环境的理论应用到实际项目中。然而，大部分应用程序还是集中在娱乐领域，因为商用 VR 设备尚未普及。最后，随着商用 VR 设备的推出，VR 行业兴起。这一时期的研究重点是如何将交互技术应用到各领域，包括教育、医疗、军事和工程等领域。此时，科技突破和市场需求相互促进，使得 VR 技术逐渐应用到各领域。综上所述可以看出，科技的发展推动了 VR 从理论研究进入实际应用，这个过程也促进了技术的进一步发展。

1.5 虚拟现实技术的未来发展趋势

随着计算机技术、传感器技术和人机交互技术的不断演进，VR 技术正迅速应用于各领域，包括娱乐、教育、医疗、工业等领域，甚至改变了人们对现实的认知。未来的虚拟现实技术将带给人们更多样化、有更强沉浸感的体验，将人类带入一个前所未有的全新维度。下面根据目前的发展现状，总结出如下发展趋势。

1.5.1 拓展应用领域

未来的 VR 技术将在各个领域得到更广泛的应用，带给人们前所未有的沉浸式体验。在娱乐领域，人们可以期待更加逼真、引人入胜的虚拟游戏。例如，实时多人虚拟游戏将使玩家在虚拟世界中与其他玩家互动，共同探索未知领域，获得独特的游戏体验。在教育领域，教师将充分利用 VR 技术，通过虚拟实验室、虚拟场景和沉浸式学习，为学生提供沉浸式的学习体验。学生可以在虚拟实验室中安全地进行化学实验，探索虚拟历史场景，以更好地理解历史事件，或者身临其境地学习外语，提高语言技能。这种互动性和身临其境感可以极大地提升学生的学习动力和记忆效果，使教育变得更加生动有趣。在医疗领域，VR 技术将被广泛应用于远程手术操作、康复训练和模拟医疗培训。医生可以利用虚拟现实进行跨地域的手术，从而为偏远地区的患者提供更及时的医疗服务；患者可以通过虚拟现实进行康复训练，加快康复过程；医学生和医护人员可以通过模拟医疗培训在虚拟环境中模拟真实的医疗场景，提高诊断的准确性和治疗的效果。这将进一步提高医疗效率，有助于挽救更多生命。这些领域只是未来 VR 技术可能应用的一小部分，随着技术的不断发展，人们可以期待看到更多 VR 的创新应用，看到 VR 为各领域带来积极的变革。VR 技术的应用将改变人们的学习、娱乐、工作方式，推动社会进步，提升人们的生活质量。

1.5.2 社交与协作的变革

未来的 VR 技术将深刻改变人们的社交和协作方式。虚拟社交平台将使人们在虚拟世界中与朋友、家人和同事进行面对面的互动，无论身处何地，人们都可以共享虚拟现实场景，一同参与各种活动。虚拟协作环境将使跨地域、跨国界的团队更有效地合作，如通过虚拟会议室、虚拟工作空间等，实现远程协作的无缝体验，促进项目的高效推进；跨国企业可以轻松组织全球性会议，各地的研究团队可以在虚拟实验室中共同进行实验和研究，而无须实际聚在一起。这些变革提高了跨越时空进行社交和协作的可能性，让人们能够在虚拟世界中建立更紧密的合作关系。无论是个人社交，还是商业合作，VR 技术都将提供更丰富、更身临其境的交互体验，为社交互动和跨国协作创造更多机会。

1.5.3　个性化体验

未来的VR应用将更加关注用户的个性化体验。通过生物传感器、眼球追踪技术和情感识别技术等技术，VR系统能够根据用户的情感、兴趣和喜好，自动调整虚拟场景、角色和互动方式，以提供与用户需求更贴近的虚拟现实体验。无论是在娱乐、教育还是工作领域，个性化的VR体验将成为主流。在娱乐领域，虚拟游戏将根据玩家的兴趣和游戏风格调整难度和情节，以确保每个玩家都能享受到个性化的游戏体验。在VR教育领域，学生可以在虚拟教室中根据自己的学习节奏和兴趣进行学习，提高学习的效率和吸引力。在工作中，虚拟会议和协作工具将根据与会者的需求自动调整会议环境和工作场所，提高工作效率。未来，用户将获得能满足自己个性化需求的虚拟现实体验，从而提高参与度和满足感，在虚拟世界中找到自己的价值。这一趋势将使VR技术拥有更广阔的发展前景，为用户提供更好的虚拟体验。

1.5.4　人机交互的革命

未来的VR技术将彻底改变人们与计算机和智能设备互动的方式，通过手势识别技术、语音识别技术、眼球追踪技术等，人们将以更加自然和直观的方式与虚拟世界互动，这将带来多方面的重要影响。例如，手势识别技术将为用户提供沉浸式的交互体验。用户可以和在现实世界中一样，通过手势来控制虚拟环境中的对象，这种直观的互动方式可以为用户提供沉浸式的体验。其次，语音识别技术的发展可以使人们用语言与计算机和虚拟助手进行交流，这将提升智能助手的可用性，使用户更轻松地获取信息、执行任务和控制设备。例如，用户可以通过简单的口令查找信息、调整家居设备的设置或与虚拟角色进行对话。最后，眼球追踪技术将提供更精确和更高效的交互方式，它可以感知用户的眼球运动，从而允许用户通过凝视来选择和操作虚拟界面中的元素，这在医疗、设计和虚拟培训等领域具有较大的应用潜力，可以提高工作效率。VR 技术将为人机交互带来革命性的变革，减少用户对传统输入设备的依赖，为用户提供更加自然、直观和高效的方式来探索虚拟世界，可以提升用户体验，提高工作效率，拓展 VR 技术的应用范围。这样不仅可以改变人类与技术的互动方式，还将重塑各个行业的工作方式和业务模式。

1.5.5 虚拟生活的延伸

未来的 VR 技术将逐渐融入人们的日常生活，扩大应用范围。VR 产品不再局限于娱乐领域，而将运用到多个领域，包括购物、旅游和社交互动。首先，虚拟购物将成为一种全新的购物方式。借助 VR 技术，人们可以在虚拟商店中浏览和购买商品，仿佛进入实体商店购物，如虚拟试衣间允许消费者在线尝试不同款式的服装。这将改变传统零售业务模式，为消费者提供个性化和交互式的购物体验。其次，虚拟旅游将使人们在家里或办公室中尽情游览世界各地的名胜古迹，如同身临其境。人们可以通过 VR 头戴设备，沉浸式探索世界各地的文化景观、历史景观和自然景观。这为那些因时间、金钱或身体状况而无法亲临现场的人们提供了便利，使他们无须再花费大量时间进行长途旅行。同时，虚拟旅游有助于实现旅游业的可持续发展，它减少了长途飞行和实体旅行所产生的碳足迹，为保护环境做出了贡献。最后，虚拟社交互动将变得更加多样化和有趣。虚拟会议和虚拟娱乐活动将成为人们日常生活的重要组成部分，使人们可以在虚拟世界中以一种身临其境的方式与朋友、家人以及同事进行社交互动。这一变化不仅为那些地理位置相隔甚远的人们提供了更多的交流机会，也提升了社交互动的创意性和趣味性。虚拟生活会在未来逐渐成为现实生活的延伸，为人们提供更多的选择，并且虚拟世界将与现实世界交织，为人们的日常生活带来更多的乐趣、便利。

综上所述，VR技术将与人工智能、大数据技术等一样，推动社会进入一个全新的数字化时代，创造出多彩的未来。

第 2 章　VR+ 文化旅游体验

随着 VR 技术的不断发展，它的应用领域逐渐从游戏行业拓展到其他应用领域。VR 技术在教育、商业和医疗等领域也展现出较大的潜力，尤其是在文化旅游领域，其引领着一场全新的体验革命，带给了人们跨越时空的文化旅游体验。VR 技术在文化旅游领域的应用不仅仅是简单的虚拟漫游，还融合了音频、视频、互动等元素，提升了游客的沉浸感和参与度。例如，通过 VR 眼镜，游客可以沉浸于博物馆的数字展览中，与历史人物互动，感受历史。VR 技术还能够推动文化旅游的全球传播。通过 VR 技术，各国得以跨越地理障碍，将本国的文化和历史呈现给世界各地的观众。这种全球化的传播方式不仅可以增强文化旅游的吸引力，还可以促进跨文化交流和理解。

VR 技术在数字文化旅游领域有良好的发展前景，本章主要是对 VR 技术与数字文化旅游的有机融合进行全面而深入的分析。本章将从数字旅游的概念入手，分析 VR 技术在国内外的应用现状，深入剖析 VR 技术在文化旅游产业中应用的意义，以让读者了解 VR 技术与数字文化旅游的关联，为进一步探索 VR 技术在文化旅游领域中的应用奠定坚实的基础。

2.1 数字旅游的概念

数字旅游作为旅游行业与信息技术融合的重要方向，旨在实现整个旅游活动的数字化和网络化。数字旅游的兴起伴随着计算机图形学和人工智能、分布式云计算等技术的快速发展，这些技术为数字旅游的发展提供了有力支持。数字旅游体系是一个涵盖广泛领域的系统工程，其核心在于将各类旅游信息进行数字化处理和整合，包括空间信息（如地理位置、景点分布等）和非空间信息（如历史文化、美食文化等）。在数字旅游体系中，信息处理扮演着重要角色，通过大数据分析、人工智能算法等手段，旅游信息得以被高效利用。

在当今数字化和智能化飞速发展的背景下，中国经济正迈向高质量发展的新阶段，而旅游业作为国民经济的战略性支柱产业，也正在经历一场深刻变革。随着中国经济的发展，旅游业开始朝着更加精细化、个性化的方向发展。旅游业作为一个信息密集度较高、充满无形价值的行业，对数字经济的敏感性日益增强。在这个大背景下，数字旅游的兴起给旅游产业带来了较大变革。首先，数字旅游打破了时间和空间的限制，使游客可以在任何时刻、任何地点都能够进行虚拟旅游体验，这种灵活性和便利性使旅游不再局限于实际出行，大大拓展了旅游的边界。其次，数字旅游丰富了旅游内容。通过引入 VR 技术，游客可以在虚拟的环境中感受不同地方的风景和文化，实现身临其境般的虚拟旅行。最后，数字旅游促进了旅游供应链的数字化转型。通过数字平台，旅游从业者可以完成实现资源整合、产品推广、在线预订等一系列操作，进而提升运营效率，更好地满足游客的需求。这种数字化转型不仅改变了传统旅游产业的生产方式，也为旅游业提供了更多增值服务。数字化转型正在重新定义旅游业的发展模式，从线下到线上，从实地到虚拟，数字旅游引领旅游业迈向了更加智能、更具个性化的未来。在数字化的浪潮中，中国旅游业将迎来更多机遇，为游客提供多样化的旅行体验，同时为产业的升级转型创造了更为广阔的前景。

数字文化旅游集文化传承与旅游体验于一体，正逐渐成为旅游产业的一个重要分支。它不仅能够让游客深入了解景点的历史文化内涵，还能够通过数字化手段实现虚拟漫游、互动体验等，使游客在虚拟世界中感受真实的文化魅力。数字文化旅游可以通过数字技术，将传统的历史、艺术、风土人情等内容呈现在虚拟空间中，使游客在不同的时间和地点感受到丰富的文化体验。

国内外已经涌现出许多成功的"VR+数字文化旅游"案例。例如，一些博物馆利用 VR 技术，为游客呈现逼真的场景，带领他们穿越时空，亲身体验历史事件；一些景区也通过 VR 技术，为游客提供了更为丰富的导览方式，使游览更加有趣。这些案例充分展示了 VR 技术在文化旅游领域的应用潜力，为传统的旅游行业注入了新的活力。

VR 技术对文化旅游产业的意义不仅仅体现在其提供了丰富的体验方式上，更体现在其推动了产业升级和转型。传统的文化旅游往往受到时间和空间的限制，而 VR 技术突破了这些限制，让人们在任何时间、任何地点都能够享受文化旅游带来的乐趣。这不仅拓宽了游客的选择范围，还促进了旅游产业的发展。此外，VR 技术的引入也为文化旅游的内容创新提供了可能，旅游景点可以通过虚拟现实的方式展现文化故事、历史事件，使之更加生动和引人入胜。

综上所述，"VR+数字文化旅游"是 VR 技术在旅游领域的一个重要应用方向。通过数字化手段将文化元素融入虚拟世界，可以使游客获得更为丰富、真实的文化体验，不仅满足了游客对多样化体验的需求，还促进了文化传承和旅游产业发展。未来，随着技术的不断进步，"VR+数字文化旅游"会为人们带来更加精彩的旅程，丰富旅游的内涵，推动文化的传播与交流。

2.2　虚拟现实技术在国外文化旅游产业中的应用现状分析

随着 VR 技术的不断发展，国外文化旅游产业积极尝试应用 VR 技术，以为游客提供更好的体验。通过 VR 技术，游客可以在不同的虚拟环境中体验，了解相关文化和历史知识。一些国外景点已经实现了虚拟导览和互动体验，使游客能够在虚拟空间中游览博物馆、名胜古迹，丰富了旅游内容。此外，VR 技术还促进了游客与文化互动，如利用虚拟现实展览、文化活动等缩短游客与文化之间的距离。因此，本节有必要对 VR 技术在国外文化旅游产业中的应用现状进行深入分析，来为我国文化旅游产业的发展提供有益参考。

本节将聚焦欧洲，因为欧洲是一个拥有丰富历史遗产的地区，因此对其旅游产业中 VR 技术的应用进行深入分析尤为重要。欧洲作为一个文化和历史的宝库，每年吸引了世界各地的游客前来旅游。在这个背景下，各大旅游景点、研究机构和企业之间的 VR 技术的合作成果备受关注。本节通过详细分析其合作成果，可以让读者更好地理解 VR 技术在国外旅游产业中的应用现状和发展趋势，为我国的文化旅游产业发展提供有益的启示。

2.2.1　地中海水下遗址 VR 游览系统

意大利卡拉布里亚大学的法比奥（Fabio）及其团队开发的水下文物 VR 游览系统堪称一项引人入胜的创新之举。这一系统将地中海地区的考古遗址以独特的方式呈现出来，将几千年的历史融入了 15 ~ 20 min 的虚拟现实讲故事之中。而且，这一技术媒介使意大利乃至全球游客无须亲自潜水，就能够在线上探索罗马的辉煌历史和深厚文化。这款应用程序的推出不仅为广大群众提供了一个难得的机会，使他们能够亲身感受希腊、意大利、克罗地亚等国家的水下考古遗址，实现一场跨越时空的虚拟水下冒险，还打造了一个可互动、具有吸引力的地中海文明遗产的线上体验平台。该套系统的运行图如图 2-1 所示。

图 2-1　地中海文化遗址 VR 旅游系统

　　这一系统的独特之处在于它并非简单地取代传统展览，而是在其中加入了新的元素，从而形成了一个全新的文化传播中心，即 Knowledge Awareness Centre（KAC）。无论是有意参观博物馆，进行线下旅游，还是仅仅在线上对地中海地区的水下文化遗产产生了些许兴趣，游客都可以通过这个平台进行深入的了解。这一系统通过将先进的数字技术和传统的博物馆管理理念相结合，为游客提供了在地中海盆地中的多个遗址点的虚拟游览体验，还赋予了游客在 VR 平台上选择经典景点的自由。在 VR 平台上，游客不仅可以亲身感受古代各地区密切的贸易联系，还可以沉浸式地了解沉船残骸背后的故事，通过逼真的三维虚拟景点，获得无与伦比的视听感受。

　　该系统除为公众带来视觉与听觉享受外，还通过信息面板介绍了考古学家、修复师和生物学家如何协同合作，以确保宝贵的考古遗迹得到妥善保护。这种方式增强了公众的文化遗产保护意识，加深了他们对这些遗产的重要性以及将其传承给下一代的必要性的认识。

2.2.2 罗马和平祭坛博物馆体验项目"The Ara It Was"

罗马和平祭坛博物馆通过数字体验项目"The Ara It Was"（ARA）展示了如何使用 VR 和 AR 技术传播古罗马经典艺术文化。这不仅吸引了当地居民，还吸引了越来越多的国内外游客前来参观。开发人员结合了实地场景、3D 重建和计算机图形技术，精确地还原了古老的坎波马齐奥（Campo Marzio）北部地区，使游客可以通过三维影像动态地了解有关罗马和平祭坛的故事。这种沉浸式的三维动态体验能够使游客更深入地了解历史，使他们仿佛被带入虚拟的古代社会中，实时地体验着那段历史，并且利用 360° 的视角营造良好的沉浸氛围，使游客全方位地欣赏罗马和平祭坛和了解罗马祭坛的文化信息。

和平祭坛博物馆与当地文化遗产监督机构合作了 10 年，致力于在三维环境中还原当年的历史文化和风土人情。游客不仅可以在虚拟世界中感受古代历史文化和风土人情，还可以自由地"漂浮"在祭坛上方空中，俯瞰坎波马齐奥，近距离观赏虚拟的三维角色进行的祭祀仪式。

这一项目的创新性在于将 VR 和 AR 技术与博物馆的文化传承相结合，为游客提供了沉浸式的体验。ARA 项目使得文化遗产得以以全新的方式呈现，使游客进入虚拟世界中。另外，通过数字技术，和平祭坛博物馆为游客提供了一次独特的文化之旅，同时展示了 VR 技术在文化遗产领域的广泛应用前景。

特伦菲奥（Trunfio）等针对 ARA 项目进行了广泛的用户测试。他们抽样调查了 739 名博物馆参观者，并采用了多种定量调查方法进行分析，包括相关分析、重要性绩效分析（Importance Performance Analysis，IPA）、描述性统计和聚类分析。研究结果表明，ARA 项目能够显著提升游客对历史体验的兴趣。通过 VR 和 AR 技术，游客能够更加深入地了解古代文化和历史，从而产生兴趣。此外，该项目还在博物馆数字化内容的未来改进方面具有积极意义。利用数字技术，博物馆可以更好地呈现文化遗产，创造出更具互动性和吸引力的展示方式，从而更好地满足不同游客的需求。这个项目也标志着博物馆4.0时代的到来，即利用数字技术提升博物馆的服务质量，为游客提供更好的体验。

总体而言，Trunfio等的研究揭示了VR技术在博物馆体验中的积极影响，以及它在数字化内容和服务模式创新方面的潜力。ARA项目为文化遗产领域的数字化转型提供了有益的指导，也为博物馆的未来发展提供了新思路和方向。

2.2.3　波斯尼亚和黑塞哥维那莫斯塔尔地区的潜水虚拟体验

塞尔马诺维奇（Selmanović）等强调，文化遗产可以通过交互式数字叙事的媒介进行展示。他们进行了如何利用VR技术进一步提升用户沉浸感的研究，并开发了一款面向波斯尼亚和黑塞哥维那莫斯塔尔地区的VR潜水虚拟体验项目。该应用程序的目标是展示莫斯塔尔地区保留下来的传统潜水旅游项目，通过该项目，用户可以深入了解该地区的历史和传统文化。在对所有相关材料进行详细研究后，Selmanović等提出了一系列关于用户体验的问题，确保他们能够享受到更好的虚拟潜水体验。

该项目可以让用户通过参与虚拟潜水，感受到莫斯塔尔的独特文化魅力。通过VR技术，用户仿佛置身于莫斯塔尔的水下世界，亲身体验到了潜水的刺激和美妙。这不仅为游客提供了更好的文化体验，还为传统的潜水旅游注入了新的活力。Selmanović等的研究和开发工作为文化遗产保护和旅游体验提供了创新性的解决方案，他们通过VR技术，将用户带入历史场景中，让用户以全新的方式了解文化遗产。这一项目的成功还表明了VR技术在传统文化传承和旅游推广中潜力很大。通过这种方式，人们能够以前所未有的方式亲近和了解不同的文化遗产，促进了文化交流。

然后，Selmanović 等通过用户测试的方式验证了他们理论的可行性。除可行性外，他们还重点关注传统计算机的 2D 屏幕作为沉浸式非物质遗产环境的媒介是否会与 VR 设备产生显著不同的效果。用户测试提供的数据明确显示，交互式叙事在保护非物质文化遗产方面取得了显著的成功，相关的理论研究也可以在文化领域中应用，为构建保护非物质文化遗产的框架提供有力支持。此外，尽管在计算机上进行的虚拟游览未给游客带来负面的体验，但与 VR 相比，这两种体验在用户满意度和喜好度等方面存在显著的差异。

这项研究强调了 VR 技术在呈现文化遗产方面的潜力。通过交互式的数字叙事和 360° 虚拟体验，VR 技术将用户带入了虚拟场景中，提升了他们的体验。此外，比较计算机与 VR 设备的效果，人们可以更好地了解 VR 技术对非物质文化遗产保护的重要性。这一研究为文化遗产保护和数字化展示提供了新的视角，为利用 VR 技术给游客提供更好的体验提供了启示。

2.3 虚拟现实技术在国内文化旅游产业中的应用现状分析

通过对国外 VR 文化旅游项目的研究可以发现，成功的 VR 文化旅游项目具备三个重要的特征：首先，它们能够以虚拟的方式再现文化遗产，为人们提供深入了解历史和文化的机会；其次，这些项目通常由博物馆、当地文化局等机构与项目开发者合作，依托于专业知识和资源开发；最后，这些项目在开发过程中进行了细致的用户测试，验证了其在吸引力、沉浸感和教育性等方面的效能。基于以上特征，国内团队需要吸取国外成功经验，并将其用于指导国内 VR 文化旅游项目的开发。为此，首先需要深入分析国内 VR 技术在文化旅游产业中的应用现状，探究国内已有的 VR 项目的优点和不足，这有助于国内团队了解国内文化旅游产业的发展情况，为 VR 文化旅游项目开发提供准确的方向。

在本节中，研究将聚焦国内的文化遗产。中国作为一个拥有丰富历史遗产的国家，对传承和弘扬优秀传统文化有着极高的关注度。在这个背景下，VR 技术被逐渐应用在国内文化旅游产业中。中国的历史古迹、传统节庆、民俗风情等多元的文化资源吸引了世界各地的游客，也引起了文化研究机构和旅游企业的广泛兴趣。未来，VR 技术将为每一种文化遗产注入生命力，让人们更加深入地了解传统文化。

2.3.1　沉浸式的中华古籍阅读体验

张宁等在研究中揭示了一个当前存在的问题：尽管中华古籍蕴含着深厚的文化内涵，但这些珍贵古籍的接触门槛逐渐提高，人们获取不便，而且古汉语有特定的表达方式，阅读难度大，人们只有具备一定的专业知识和文化背景知识才能够正确理解，这进一步增加了中华古籍的阅读难度，让很多人望而却步，导致中华古籍中的内容的弘扬与传承面临新的挑战。

在这个背景下，人们需要思考如何通过新的手段来增强读者的兴趣，以更好地传播和弘扬中华优秀传统文化。将 VR 技术应用于中华古籍内容的呈现与传播中不失为一个好方法。利用 VR 技术可以将古籍中的文化背景、历史情境呈现出来，使读者可以在沉浸式的体验中更好地理解古文的内涵，因为 VR 技术可以创造场景、人物等，使古籍中的文字"活"起来，更易被普通读者理解。

张宁等人的研究方法具有创新性，他们运用了多种类型的多媒体资源来标注复杂的知识点，即通过有机融合文本、图片、视频、音频、3D

模型以及 VR 场景等不同类型的体验资源，从而优化了古籍阅读的效果与体验。这一方法充分利用了多通道信息加工在 VR 环境中的优势，通过调用读者的视觉、听觉和触觉感知器官，减少了人们对古籍内容的认知负荷。这大幅度提升了读者理解古籍内容的效率。

多媒体资源的运用为传统文化的传承带来了新的可能。古籍往往以文字为主要媒介，对于普通读者而言，可能会因语言理解难度大、文化背景有差异等而面临挑战。引入多媒体元素，如图片、视频等，可以让古籍内容更加具体、直观，而且多媒体元素的融合更是为读者提供了全方位的感知体验，将古籍内容从抽象的文字转化为可感知的现实，提升了读者的参与感。

张宁等人的研究以《旧唐书·列传第一·后妃上·玄宗杨贵妃》为例，运用定性的主题分析和叙事分析方法，从中提取古籍中的知识元和故事线，以揭示其中的深层内涵与脉络（见图 2-2）。通过对特定古籍进行主题分析和叙事分析，可以将复杂的古籍内容进行有效分类和梳理。在该研究中，他们将古籍中的知识元按主题分为实物、文化风俗、机构、地点、人物、法规六类。这种分类方法有助于将古籍的内容整合成更加清晰明了的知识体系，使读者更系统地理解和掌握其中的知识。此外，通过分析叙事情节，可以深入挖掘古籍中的故事线索和情节发展。在该研究中，故事包含父纳子妻、后宫专宠、杨门腐败、君臣误国、安史之乱五个情节。这种分析方法使古籍中的历史事件和人物关系得以更加清晰地呈现。通过揭示故事线，读者可以更好地理解古籍中的人物性格、事件背景和社会脉络。

（a）   （b）

图 2-2　张宁等人的中华古籍 VR 阅读项目

这种分析方法为古籍研究和文化传承提供了新的思路。通过主题分析和叙事分析，能从古籍内容中梳理出故事情节和知识元，使其更加易被读者理解和传播。这一分析方法的应用还能够为解读和传承传统文化提供有力支持，将古籍中的智慧传递给广大读者群体。

此外，张宁等还通过一系列的用户测试验证了他们提出的 VR 古籍系统的可行性。这些测试不仅加深了人们对系统效能的认知，还为系统进一步的优化提供了有益的反馈。研究结果显示，VR 古籍系统在解决书本内容理解难题、跨越文化障碍以及提升阅读动力方面取得了显著的成效。这意味着通过 VR 技术，读者能够更加深入地理解和把握古籍内容，跨越文化和语言障碍，获得阅读古籍带来的兴趣。而且，VR 系统在解决语言障碍中的词汇问题上取得了显著的突破，这一成就为古籍传播和文化交流提供了新途径。

2.3.2　毗卢寺水陆壁画 VR 体验项目

毗卢寺坐落在石家庄市西北郊 12 千米的上京村，以保存的精美古代壁画而远近闻名。据《真定府志》记载，该寺的历史可追溯到唐天宝年间。毗卢寺不但历史悠久，而且有精美的明代壁画。在这座寺庙的墙壁上，精美的水陆画作将 500 多位人物生动地展现在世人面前。这些画像大部分延续了唐代画家吴道子的画风，并在经历了几个世纪的风雨洗礼后，仍然保持着鲜艳的色彩和强烈的立体感。这些画作中的人物活灵活现，展现了古代画家高超的技艺，令人不禁为之惊叹。

毗卢寺的壁画不仅是艺术杰作，更是历史的见证，具有深厚的历史价值，能帮助人们更好地了解古代社会的人物、服饰、风俗等，让人们能够窥探过去的文化与生活，感受历史的延续与传承。

燕山大学的孙可及其团队采用了多种创新方式，将毗卢寺的珍贵壁画呈现给了更多人。通过建立虚拟游览网站和开发手机应用程序等方式，他们免费展示壁画的高清图像，使人们能够在全球范围内欣赏这些宝贵的艺术作品，无须亲临现场。这种全球共享的方式为壁画的保护和传播提供了新途径，有利于更多人了解和珍视这一文化遗产。

孙可团队的创新策略还包括利用 VR 技术建立线上数字展厅。这使人们仿佛置身于毗卢寺的展厅中欣赏壁画的细节。除了线上展示，他们还在毗卢寺博物院内建立了线下数字展示中心，该中心充分利用 VR 和 AR 技术，结合实体复制佛像，让数字图像与真实环境相结合，进行长期展示。这种具有创意的展示方式，让人们在现实中也能感受到虚拟壁画带来的视觉冲击。

孙可团队也在公共空间环境中展示了壁画的虚拟作品。他们选择在公交站、地铁站、机场等人流密集的地方，利用实体墙壁或站牌广告位进行数字影像创作，或采用全息投影数字互动设计方法投射壁画内容。这种展示方式不仅使壁画走进了人们的日常生活，还为人们创造了与艺术互动的机会，加深了人们对壁画的认识。

此外，孙可团队还推出了数字导览系统。该系统基于现实壁画，利用 AR 技术为参观者提供更丰富的体验。通过该系统，虚拟信息被巧妙地叠加在毗卢寺壁画的实际物体上，使参观者可以通过携带的移动设备和扫描二维码获取信息。这种方式不仅可以将参观者引入壁画的世界，还能将画面所蕴含的历史信息直观地呈现给他们。

总之，毗卢寺的壁画通过 VR 和 AR 技术得以跨越时空，让人们在当代感受到古代艺术的美妙与价值。这种将传统与现代相结合的方式不仅有利于文化传承，还为人们带来了新的欣赏视角。

2.3.3 三峡库区水下传统建筑 VR 体验项目

长江三峡地区的传统建筑受到三国文化、巫文化、巴文化和移民文化的影响，风格多样，建筑与环境和谐共生，形态多样且富有创意，具备较高的艺术价值。然而，这片珍贵的文化遗产由于受到风沙和水流侵蚀，多数已遭破坏。中国政府在三峡库区成立了"三峡工程库区文物保护规划组"，参考《威尼斯宪章》，对三峡库区内东汉至清末的 453 处地面建筑进行了悉心筛选，最终确定了 364 处需要保护的建筑物。由于传统建筑已经无法重建，如何通过交互式展示的方式复原这些建筑，以促进文化的传承和复兴，成为亟须解决的课题。

三峡大学巴楚艺术发展研究中心的潘彤声及其团队选择了始建于唐元和十五年（820 年）的屈原祠作为三峡水下古代文化建筑保护的研究对象。利用 VR 技术，他们成功实现了对该古建筑的复原。为了达到这一目标，团队首先收集了祠堂最初的仅存的部分图片和图纸资料，以此作为基础。同时，他们积极借鉴和吸取了同时期的其他建筑的材质、纹理、结构等要素，以此进行三维建模复原。通过三维建模，团队在虚拟空间中还原了屈原祠的外貌、结构、布局等细节，让人仿佛置身于古代的建筑之中。这种复原过程类似一场跨时代的建筑重建，潘彤声及其团队利用 VR 技术，成功地将曾经的历史人文画面重新呈现在人们眼前。这种精准的还原不仅仅是外观的复制，更是对历史和文化的深刻诠释。通过 VR 技术，游客可以亲身体验屈原祠的风采，感受其所蕴含的历史情感和人文价值。

团队在设计中注入了丰富的沉浸式交互元素，如推门掉落的瓦片、手中的灯笼等，以增强用户的参与感。这些元素不仅使用户与历史情境产生更为紧密的联系，还使用户产生了对古建筑的情感共鸣；不仅让用户成为观众，更使他们成为虚拟环境的创造者，他们可以通过互动改变场景，触发不同的事件，从而深入了解古建筑的历史和文化内涵。这样的设计使用户的体验更加丰富多样，让他们能够根据自己的兴趣去探索虚拟世界中的奥秘。

利用 VR 技术复原屈原祠，是该团队为保护与传承古建筑做出的积极努力。这样的创新性尝试不仅能够保留文化遗产，还能够让人们更深刻地感受古建筑背后的故事与价值。这样的举措不仅能够保护和传承文化，还能够提高公众的文化素养和对传统建筑的兴趣，使珍贵的古迹在虚拟世界中重生。同时，这为其他类似的文化遗产保护项目提供了有益的借鉴，推动了 VR 技术在文化领域中的应用与发展。

2.4　虚拟现实技术在文化旅游产业中的应用意义

文化旅游产业作为旅游业的重要分支，在数字化和智能化的大背景下正经历着深刻的变革。VR 技术作为一种强大的数字技术，正逐渐应用于文化旅游领域，为游客带来全新的体验。通过创造虚拟的、沉浸式的环境，VR 技术为游客展现了丰富多样的文化遗产，促进了优秀传统文化的保护、传承和传播。根据国内外的实际案例，可以发现 VR 技术在文化旅游产业中应用的意义如下。

2.4.1　丰富的体验与互动机会

VR 技术通过创建虚拟的三维环境，使游客身临其境地感受不同的文化场景，仿佛穿越时空，亲历历史事件。意大利卡拉布里亚大学的水下文物 VR 游览系统就为游客提供了一种前所未有的体验，让他们仿佛置身于不同的水下考古遗址，进行虚拟潜水，感受地中海文明。在这个虚拟的世界中，游客可以自由探索，近距离观察古代文物，甚至亲身感受水下环境的神秘和壮丽，这种虚拟的体验不仅为游客提供了极致的感官享受，还增强了游览的互动性。VR 技术让游客成为体验的主角，让他们可以自由选择探索路径，与虚拟环境中的元素互动，如观察珊瑚礁中的鱼群、探索古代沉船中的宝藏等。这种互动激发了游客的好奇心，让他们能够更深入地了解当地文化和感受当地文化的魅力。利用 VR 技术为游客提供沉浸式的体验，不仅能够加深游客对文化的理解，还能够给游客留下深刻的印象，激发他们对历史和文化的兴趣。因此，VR 技术可以为文化旅游带来丰富的体验与互动机会，让游客能够在虚拟世界中探索文化瑰宝。

2.4.2　拓展文化遗产的传播范围

传统的文化遗产通常受限于时间和空间，只能在特定地点和时间内被有限的人群所访问。通过 VR 技术，文化遗产的传播范围可以被极大地拓展。例如，罗马和平祭坛博物馆的 VR 项目 ARA 充分利用了 VR 和 AR 技术，将罗马的经典艺术文化传播到了全球各个角落。不论身处何地，人们都可以通过这个数字化的传播方式"亲临"和平祭坛博物馆，感受其丰富的文化遗产。通过穿戴 VR 设备或使用智能手机，游客可以沉浸在博物馆的虚拟展览中，仿佛置身于古罗马时代。他们可以近距离观赏古代艺术品，如雕塑、壁画等，而无须亲自前往博物馆。这种数字化的体验不仅激发了游客的探索热情，还为更多人提供了了解和欣赏文化遗产的机会。这一案例突出了 VR 技术在文化传播中的重要作用，它打破了时间和地点的限制，让文化遗产得以广泛传播。未来，随着 VR

技术的进一步发展和普及，人们可以看到更多类似的创新项目。

2.4.3 保护和修复文化遗产

文化遗产的保护和修复一直是一个重要的课题。燕山大学的孙可及其团队通过 VR 技术对毗卢寺的壁画进行了高度还原，保留了这些古老的艺术珍品。这种虚拟还原的方法不仅可以在虚拟环境中永久保存古建筑，还能够通过交互元素使游客更深入地了解其历史和文化。游客可以通过 VR 头戴式显示器，置身于毗卢寺中，近距离观赏这些珍贵的艺术作品，自由地探索每一个细节，感受壁画的绚丽和历史的沧桑。这种沉浸式体验不仅增强了游客的参与感，还为他们提供了与文化遗产亲密互动的机会，进一步激发了他们对历史和文化的兴趣。此外，基于 AR 技术的数字导览系统也可以在现实世界中将虚拟信息与实际建筑相结合。游客可以通过智能手机或 AR 眼镜观看虚拟壁画与实际壁画，获得更丰富的体验。这种数字导览系统不仅为游客提供了深入了解文化遗产的途径，还能在不破坏原物的情况下实现对文化遗产的修复、保护和展示。

2.4.4 拓宽文化传承途径，创新文化教育

VR 技术为文化普及和文化教育提供了全新的手段。例如，张宁等通过 VR 技术，将中华古籍呈现在多种类型的多媒体资源中。这种方法降低了古汉语理解的难度，使广大民众更容易理解中华古籍中的珍贵内容。通过 VR 技术，用户仿佛可以穿越时光，亲身感受古代文化的魅力。这不仅激发了年轻一代对传统文化的兴趣，还为中华文化的传承带来了新的可能。除此之外，VR 技术还可以广泛应用于学校、博物馆等场所。在学校，教师可以借助虚拟现实教育内容，将历史和文化课程变得更加生动有趣；学生可以借助虚拟实验室学习科学知识，或者借助虚拟历史场景了解古代文明。在博物馆，游客可以穿戴 VR 头戴式显示器亲历历

史事件或置身于文化场景中，获得更深刻的学习体验。

2.4.5　促进文化旅游产业的可持续发展

VR 技术为文化旅游产业的可持续发展提供了有力的支持。通过数字化的展示方式，文化旅游可以显著减少对实际文化遗产的消耗，降低游客流量对古建筑和景区环境的负面影响。这种数字化展示方式有助于保护和保持文化遗产的原始状态，为未来的游客提供欣赏和学习机会。VR技术的应用更进一步推动了文化旅游产业的升级。传统的旅游模式通常受限于时间、空间、人流等因素，而 VR 技术能够为游客创造更个性化、多样化的旅游体验。通过数字化展示和互动体验，文化旅游产业可以更好地满足不同游客的需求，提供更丰富的旅游选择。这意味着游客可以根据自己的兴趣和时间表，参观世界各地的文化景点，而无须亲临现场。这种便捷性不仅提高了游客的满意度，还降低了旅行的碳排放，符合可持续旅游的原则。此外，VR 技术也为文化旅游产业带来了新的商机。虚拟旅游服务、虚拟导游、虚拟门票等数字化产品和服务已经成为文化旅游产业新的发展方向。虚拟旅游也能够吸引更多的受众，包括那些因身体情况、财务状况等无法进行实地旅行的人群。这样，文化旅游产业的市场潜力将更大。

综上所述，VR 技术为文化遗产的传承和发展注入了新的活力，为游客提供了更多元化、个性化的文化探索方式，同时有助于保护和传承珍贵的文化遗产，为文化旅游产业的可持续发展打下了坚实的基础。随着 VR 技术的不断发展，人们可以获得更多令人惊叹的 VR 文化旅游体验。这将进一步推动文化旅游产业的发展，获得更好的文化体验。

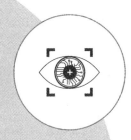

第 3 章　人机交互理论概论

在了解了 VR 技术在文化旅游产业中的应用意义之后，本书需要探讨如何将丰富的文化知识转化为一个充满沉浸式体验的 VR 平台。这引发了一个重要的问题：如何设计一套能够激发用户热情的交互理论，以此为基础来构建一个高效的 VR 系统。既然 VR 系统是视频游戏的一种延伸，那 VR 系统统计就可以从游戏设计中借鉴经典理论，将其作为国内 VR 产品设计的指导理论。经过调查研究，笔者发现目前存在多种游戏类型的理论，包括理查德·巴图的（Richard Bartle）Bartle 分类法、大卫·凯尔西（David Keirsey）的 Keirsey 性格模型以及克里斯·贝特曼（Chris Bateman）和理查德·布恩（Richard Boon）的 demographic game design（DGD1）模型等。研究人员需要结合实际需求，选择合适的平台交互类型。

考虑到 VR 技术在数字文化旅游领域的重要性和广泛的发展前景，本章将深入探讨 Bartle 分类法、Keirsey 性格模型以及 DGD1 模型等理论框架。本节将从虚拟旅游的用户需求出发，根据上述理论，深入分析人机交互理论在 VR 文化旅游产品设计和开发中的应用意义。通过深入研究这些理论，开发人员能够更好地理解用户在虚拟旅游体验中的需求、偏好和行为，从而为 VR 文化旅游项目的设计和开发提供有针对性的指导。

3.1　Bartle 分类法概述

Bartle 分类法由理查德·巴图（Richard Bartle）于 1996 年提出，其为分析游戏用户的行为和偏好提供了分类框架，有助于游戏设计者理解玩家在游戏环境中的不同类型的行为和动机。该分类法将游戏玩家分为四个主要类型，及社交家、杀手、成就者和探索者。这些类型代表不同的游戏参与方式和对游戏体验的不同期望，从而为游戏设计者提供了有价值的理论指导。四种类型玩家的用户需求如图 3-1 所示。

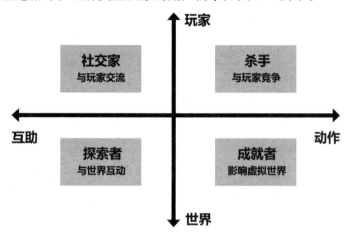

图 3-1　四种类型玩家的用户需求

Bartle 分类法可以为文化旅游产业的 VR 项目设计提供有益的参考。通过了解不同用户的需求，旅游项目开发人员可以更好地设计虚拟体验项目，满足不同用户的兴趣和偏好。在 VR 文化旅游中应用 Bartle 分类法，有助于创造更加多样化的 VR 体验，从而推动文化传承和旅游产业发展。下面逐一分析四个玩家类型及如何将其融入 VR 文化旅游中。

3.1.1　社交家

社交家是指那些喜欢与其他玩家进行社交互动的游戏玩家。他们通过建立社区、参与社交活动、与其他玩家合作来获得满足感，倾向于寻找与其他玩家互动的机会，如加入公会、参与团队任务和交流。对于他们来说，游戏的社交元素比游戏的胜利更为重要。

　　社交家这个类型的玩家在文化旅游的虚拟体验中扮演着一种特殊的角色，他们的特质和偏好为 VR 社区中的社交互动提供了新的可能。在 VR 文化旅游中，社交家可以通过多种方式与其他玩家互动，分享对文化遗产的认知和体验过程，如他们可能会组建社区，形成一个共同的兴趣小组，一同参观虚拟的历史场景和文化景点。这种社区可以成为一个独特的社交空间，让志同道合的玩家相互交流、讨论，从不同的角度探讨文化遗产的内涵。

　　社交家可以通过参与各种社交活动来与其他游客互动。VR 技术有利于创造互动性社交体验，如在虚拟历史场景中，社交家可以参加虚拟的文化活动、庆典或交流会议，与其他游客进行实时互动，分享彼此的文化体验和感受。

　　社交家还可以通过合作完成 VR 文化旅游任务，与其他玩家协作，共同探索文化遗产的奥秘。例如，他们可以一起参与虚拟考古挖掘，解开历史事件的谜团，体验团队合作的乐趣。这种合作性的社交互动不仅促进了玩家之间的交流，还加深了玩家对文化遗产的认知。

　　在 VR 文化旅游中，社交家的互动也可以超越虚拟现实的界限，延伸到现实生活中。例如，社交家可以在虚拟体验结束后，在社交媒体上分享自己的体验过程以及对文化遗产的深刻理解。这样可以进一步丰富文化旅游体验的层次。

　　总体而言，社交家的存在使虚拟世界成了一个互动的社区、一个共享文化情感的空间。在文化旅游产业中，充分考虑和满足社交家的需求，可以为虚拟旅游注入更多的人情味和社交活力，促进文化传承。通过 VR 技术，社交家有机会在虚拟世界中结识志同道合的伙伴，共同探索和传承丰富的历史文化，这样的互动体验不仅有助于提升文化旅游的吸引力，还促进了文化传承。

3.1.2 杀手

杀手是那些喜欢与其他玩家竞争和参与挑战的游戏玩家，他们通过击败其他玩家来获得成就感，并享受在游戏中竞争和战胜对手的过程。杀手通常在多人对战游戏或竞技性游戏中表现出色，他们关注的是击败对手并在竞争中脱颖而出的体验。

杀手这一玩家类型的游戏心态和特质为 VR 文化旅游注入了挑战和竞争的元素，提升了游戏的刺激性。

在 VR 文化旅游中，杀手通过参与具有竞技性的互动活动，挑战其他游客，争夺游戏中的荣誉和胜利。例如，他们可以参与虚拟历史场景中的竞赛，如历史知识竞答、文化遗产解谜比赛等，这种竞争性的游戏激发了玩家的竞争欲望和求胜心态，推动他们不断丰富自己的知识和提升自己的能力，以取得更高的成绩。在 VR 文化旅游中，杀手的存在为游戏增加了挑战性，他们的参与使得游戏更加刺激，更加具有互动性。玩家可以通过与杀手的竞争，获得紧张、刺激的体验，在竞争中不断深化对文化遗产的理解和认知。

杀手也为 VR 文化旅游提供了一种全新的互动方式。他们可以与其他游客进行对战，或者组队进行合作性的竞赛。这种多人对战的互动体验增加了旅游的趣味性和社交性，让 VR 文化旅游成为一个集体协作与竞争并存的虚拟空间。

VR 文化旅游中的杀手还可以通过排行榜、奖励制度等方式，实时了解自己在竞争中的表现。这种实时反馈激发了玩家的积极性和持续投入，促使他们在游戏中不断探索、学习，提高自己的技能。

总的来说，杀手为 VR 文化旅游注入了挑战和竞争的元素，使旅游更加刺激、有趣，并且他们的参与提升了 VR 文化旅游参与者的活跃度和互动性，为人们带来了新的旅游体验方式。通过 VR 技术，杀手有机会在虚拟世界中展现自己的竞争力，与其他玩家一同挑战游戏的各种任务，获得独特的文化体验。这样的竞争性体验不仅有助于吸引更多的游客，还为文化传承带来了一种全新的方式。

3.1.3　成就者

成就者是那些追求在游戏中达成目标和获得成就的玩家。他们喜欢解锁新的内容、获得奖励和达到游戏中设定的目标。成就者通过完成任务、收集物品和达成特定条件获得满足感。他们通常会追求游戏中的各种成就和称号，以证明自己在游戏中的表现出众。

在 VR 文化旅游领域，成就者这一玩家类型也具有重要意义。成就者对达成目标的渴望和对奖励的渴望，为 VR 文化旅游融入了富有挑战性的元素，进一步激发了游客的参与热情。成就者通过完成一系列的任务、解锁新的内容和获得特定的奖励来获得满足感。例如，他们可以参与虚拟历史探索任务，通过解谜、回答问题等方式获取成就点数或特殊奖励。这些任务的设置不仅增加了游戏的乐趣，还让游客在完成任务的过程中获得了成就感，促使他们更深入地了解历史和文化。

成就者的存在推动了 VR 文化旅游的发展。他们在追求达成目标和取得成就的过程中，不断地学习新的知识，深化对文化遗产的理解。通过与虚拟历史人物互动、解锁历史事件等方式，他们可以更加全面地了解历史，从而培养对文化的浓厚兴趣。

成就者的存在也推动了 VR 文化旅游群体的扩大。他们通过获得各种成就和称号，证明了自己在游戏中的表现出众，还通过将这些成就与其他人分享，激发了更多人的兴趣。这种社交性的分享促使更多人加入 VR 文化旅游的行列，形成了一个更加活跃和多样化的游客群体。

总的来说，成就者的存在使 VR 文化旅游更具趣味性和吸引力。通过 VR 技术，成就者可以在虚拟世界中追求达成目标、获得成就感，与其他玩家一同分享和交流，获得独特的文化体验。

3.1.4　探索者

探索者是那些喜欢探索游戏世界、发现新内容和解决谜题的玩家。他们对游戏中的环境、角色和机制有浓厚的兴趣，乐于挖掘游戏中的隐藏内容。探索者通常在开放世界游戏、解谜游戏和探险游戏中表现出色，他们追求的是游戏内部的深度和细节。

在 VR 文化旅游领域，探索者的存在是至关重要的。他们对游戏中的环境、角色和机制充满了好奇心，乐于发现隐藏在游戏世界中的新内容和未知领域。探索者的特点为虚拟文化旅游的设计提供了新的可能，设计者可以通过合理的设计，使游客深入、全面地探索文化遗产。探索者通过解锁谜题、探索隐藏地点、发现历史文物等方式来获得满足感。例如，他们可以设计虚拟寻宝任务，使探索者在游戏中寻找隐藏的宝藏和历史遗迹。这些任务的设计不仅增加了游戏的趣味性，还让玩家以一种亲身参与的方式深入了解文化遗产，加深他们对历史和文化的认识。

探索者的存在为 VR 文化旅游的深度提升和细节优化提供了保障。他们喜欢挖掘游戏中的隐藏内容和细节，对游戏世界的每一个角落都保持着浓厚的兴趣。在 VR 文化旅游中，他们可以通过与虚拟历史人物互动、解锁隐藏剧情等方式，深入了解历史事件的背景和细节，获得更全面的文化体验，同时也为游戏的可持续发展提供保障。

总的来说，探索者的存在促进了 VR 文化旅游发展，使旅游更具趣味性。他们通过破解谜题、探索隐藏内容和发现新领域，不仅丰富了虚拟体验的内容，还为虚拟体验的持续发展提供了保障。通过 VR 技术，探索者可以在虚拟世界中深入探索、积极互动，发现新内容，获得更好的文化体验。同时，探索者对体验过程的分享，能够吸引更多的游客，能够激发更多游客对 VR 文化旅游的兴趣，使他们对文化遗产有一个更深入的了解。

3.2　Keirsey 性格模型概述

20 世纪 70 年代，心理学家凯尔西（David Keirsey）对迈尔斯 – 布里格斯（Myers-Briggs）人格模型中的 16 种性格类型进行了归纳，将其简化为四种一般性格类型。他与玛丽莲·贝茨（Marilyn Bates）共同著作的书籍 *Please Understand Me:Character & temperament types* 详细描述了这四种性格，并为每种性格类型的人赋予了名称。

（1）技师（感觉＋理解）：技师具有现实主义思维，注重实际策略和操作，他们以实用主义为导向，冲动行事，倾向将注意力集中在具体的人或物上，以感性和行动为主。

（2）守护者（感觉＋判断）：守护者务实而重视逻辑，注重等级和组织，他们重视细节，追求安全和稳定，关注过程和安全性，以务实的态度管理事务。

（3）理性者（直觉＋思考）：理性者富有创新思维，重视战略和逻辑，在科学、技术领域具有一定的天赋，注重未来和结果，以知识为导向，追求科学的探索与创新。

（4）理想主义者（直觉＋感情）：理想主义者充满想象力，重视情感和关系，以人为中心，注重引人注目，关心人际关系和情感交流，以情感和身份为导向。

Keirsey 模型的主要特征如图 3-2 所示。这些性格类型的人在 VR 文化旅游中希望得到不同类型的虚拟体验，从而更深入地融入文化遗产的情境之中。下面会逐一分析四个类型如何融入 VR 文化旅游的设计中。

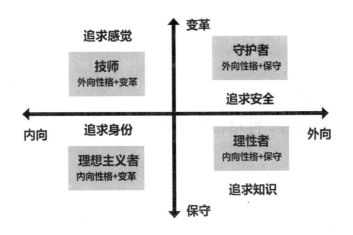

图 3-2　Keirsey 性格模型概述

3.2.1　技师

技师以其现实主义思维和策划能力在不同领域中展现出独有的特点，他们倾向于将注意力集中在具体的事物上，善于从实际问题入手寻求解决方案，并付诸实践。

在 VR 文化旅游中，技师可能会更关注实际的展示和操作，对直观的、实用性强的虚拟体验更感兴趣，倾向于通过实际的互动来了解文化遗产，希望能够在虚拟环境中感受到真实的触感和实际的操作。例如，技师可能会对 VR 博物馆中提供的与物品互动、实地探索等内容产生兴趣，因为这些体验能够让他们直接参与，获得一定成就感。

VR 技术可以为技师提供多样化的体验。例如，可以开发具有互动性的虚拟导览，让技师通过手势或控制器进行实际操作，如开门、触摸文物等，从而提升他们的体验感。

另外，技师可能对 VR 文化体验中操作性强的元素更加感兴趣。因此，在虚拟展示中加入一些操作性强的互动元素，如解谜游戏、操作挑战等，可以吸引技师参与，并使其在体验中获得满足感。

3.2.2　守护者

守护者以其务实、注重细节和稳定性的特点在不同领域中展现出独特的价值。他们倾向于关注事物的安全性和稳定性，善于组织和管理，重视细节并注重细致的规划。在 VR 文化旅游中，守护者可能会更注重事物的组织和安排，关心参观的细节和流程，以及如何确保自己的安全。他们可能会对虚拟导览中的信息和展示进行细致的筛选和整理，以便获取最精确、全面的内容，并且他们可能会关注虚拟环境中的参观流程和路径规划，确保自己能够有条不紊地参观文化遗产。

VR 技术可以通过提供详细而有序的导览和展示，满足守护者对细节和组织的需求。例如，可以开发结构化、层次分明的虚拟导览，为游客提供清晰的信息分类和导航路径，以便他们根据自己的兴趣和需求有序地参观。此外，虚拟环境中的交互设计也要符合守护者的审美，并有清晰的操作流程和指引，以使他们更容易理解和使用。

3.2.3　理性者

理性者具有创新思维、严密的逻辑思维等，他们倾向于追求知识的深度和广度，善于分析问题、制定战略，并在科学和技术领域中具有一定的天赋。

在 VR 文化旅游中，理性者可能更注重内容的科学性、逻辑性和创新性。他们可能会倾向于探索文化遗产的深层次知识，关心历史表象背后的逻辑。在虚拟导览的设计中，可以提供更多背景知识等，以便游客在参观中进行深入探讨，获得丰富的体验。

VR 技术可以通过创新的方式呈现文化遗产的内容，满足理性者对科学和技术的探索需求。例如，可以进行交互式的虚拟展示，使理性者进行更深入的探索，以便更好地理解文化遗产的历史和蕴含的文化。此外，VR 技术也可以用于动态呈现复杂的历史变迁，通过模拟不同时间段的变化和影响，帮助游客更好地理解历史事件的发展和影响。

3.2.4 理想主义者

理想主义者通常充满想象力、情感丰富，他们倾向于以人为中心，关注人与人之间的关系和情感交流。

在 VR 文化旅游中，理想主义者可能更加注重情感共鸣和人文关怀，因此可以利用 VR 技术设计情感体验项目，引发游客的情感共鸣。例如，在虚拟导览中，可以通过情感化的叙事、音乐等元素，营造一定的情感氛围，使游客更深刻地感受到文化遗产的情感内涵。

另外，理想主义者可能更加关注人际交往和社交体验，因此可以在虚拟现实环境中创造丰富的社交互动机会，让理想主义者能够与其他游客互动，分享经历、交流情感。例如，可以开发虚拟现实社交平台，让游客在虚拟空间中交流、合作、共享，从而获得更好的文化旅游体验。

理想主义者还可能更注重文化遗产的人文价值和情感内涵，因此可以在虚拟导览中融入与文化遗产相关的故事等元素，从而引发游客的情感共鸣；也可以提供互动和个性化的虚拟体验，使每位游客都能够根据自己的兴趣来选择自己的文化旅游方式。

3.3 DGD1 模型概述

巴特尔（Bartle）和 Keirsey 的模型关注玩家（用户）的性格类型，并试图探讨满足不同性格的人的需求的交互机制。然而，并非所有玩家都能简单地将自己的需求划分到这些模型的四种基本类型中，这也是

Bartle 和 Keirsey 的模型面临的一个现实挑战，即无法完全涵盖所有个体的复杂性。因为在现实生活中很多人会表现出多种性格特征，而不是局限于某一个类型。

克里斯多夫·贝特曼（Christopher Bateman）和理查德·布恩（Richard Boon）所著的 *21st-Century Game Design* 着眼于游戏玩法设计，并引入了"集群游戏设计"模型（demographic game design model, DGD1），这一模型有着深远的意义，填补了 Keirsey 和 Bartle 的模型所遗漏的部分。DGD1 模型虽然没有直接将用户性格与游戏类型进行精准匹配，但它构建了属于次级要素的游戏类型，从而弥补了主要游戏类型与用户性格之间的空白。

DGD1 模型着重探讨游戏模式的多样性，将其分为硬核模式和休闲模式两大类。这一分类不再以玩家性格为主要依据，而是以玩家在游戏过程中的参与程度和投入度为主要依据。硬核模式强调挑战性和深度，迎合了那些渴望充分投入并追求高难度挑战的玩家；休闲模式更注重放松和娱乐，适合那些希望在轻松的游戏环境中放松心情的玩家。这样的分类可以更好地满足不同类型的玩家需求。此外，由于 Bartle 和 Keirsey 的模型对玩家类型显得绝对化（极端），DGD1 模型综合了两者提出了四种玩家类型：征服者、管理者、漫游者和参与者。

征服者是那些喜欢挑战和竞争的玩家，他们追求游戏中的胜利和成就感。对于征服者来说，硬核模式提供了充满挑战和竞争的游戏环境，他们可以在其中寻求达成新的目标和成就，不断克服困难，体验胜利的喜悦。

管理者类型的玩家注重组织、规划和资源管理，他们更倾向于参与游戏中的管理和决策。在硬核模式中，管理者可以参与更复杂的策略性游戏，挑战他们的管理和组织能力，从而满足他们对规划和资源管理的兴趣。

漫游者是喜欢探索和发现的玩家，他们对游戏世界充满好奇。在硬核模式中，漫游者可以体验更多的探索性任务和环境，挖掘游戏世界中的隐藏内容，满足自己的探索欲。

参与者类型的玩家强调社交互动和共享体验，他们更倾向于与他人一同开展游戏活动，享受社交互动的乐趣。在游戏中，参与者可以与其他玩家一起参与挑战，共同合作解决问题，建立联系，体验与他人共同努力的乐趣。

DGD1 模型中的玩家类型和游戏模式分类，为在 VR 文化旅游中设计多样化的虚拟体验提供了重要的理论指导。在接下来的章节中，笔者将分析如何在 VR 文化旅游的设计中，结合该理论，根据不同类型的游客需求，创造丰富多彩的虚拟现实体验，以推动文化旅游发展。

3.3.1 硬核模式在 VR 文化旅游产品中的应用

VR 技术在文化旅游中的应用为创造沉浸式的文化旅游体验提供了独特的机会，如何将 DGD1 模型运用在 VR 文化旅游中是本章的研究重点。结合 DGD1 模型中的硬核模式和四种玩家类型可以打造出多样化的 VR 文化旅游内容，满足不同人的需求。

针对征服者，可以设计一些具有挑战性的虚拟历史场景，让他们在虚拟世界中体验历史事件的决策过程，挑战他们的战略思维能力和领导能力。在硬核模式下，可以引入竞赛元素，让征服者进行游戏比拼，争夺高分。

针对管理者，可以开发一些以管理和资源分配为核心的虚拟场景，让他们在虚拟世界中扮演管理者的角色，试着作出决策来保护文化遗产、策划旅游路线等。在硬核模式下，可以设置复杂的任务，考验他们的管理智慧和决策能力。

针对漫游者，可以创造逼真的虚拟历史环境，让他们自由探索，解锁隐藏的故事和背景。在硬核模式下，可以设置一些谜题和任务，激发他们的探索欲望，提升游戏的挑战性。

　　针对参与者，可以设计多人合作的虚拟旅游体验活动，让他们与朋友一同探索文化景点，共同解决谜题，完成任务。在硬核模式下，可以设计团队任务，促进玩家之间的协作和互动。

3.3.2　休闲模式在 VR 文化旅游产品中的应用

　　休闲模式将焦点放在游戏的轻松娱乐和社交互动上，征服者、管理者、漫游者和参与者在休闲模式下有不同的需求和表现。

　　征服者寻求挑战和成就，他们在休闲模式中会追求与众不同的娱乐方式。在 VR 文化旅游中，可以为征服者设计一些有趣的解谜游戏，让他们通过解谜和探索隐藏的细节来获得成就感。这些游戏可以融入历史事件或文化传说，使征服者在轻松的环境中挑战自己的智力和洞察力。

　　管理者喜欢规划和组织，他们在休闲模式中寻求社交互动和合作。在 VR 文化旅游中，可以为他们设计虚拟社区建设游戏，让他们参与文化遗产的保护与管理。通过合作，管理者可以共同建设虚拟文化场景，规划展览和交流活动，从而提升组织和管理能力。

　　漫游者追求探索和发现，他们在休闲模式中注重开放性和自由度。在 VR 文化旅游中，可以为漫游者设计开放世界的虚拟场景，让他们自由地探索文化景点。通过创建详细的虚拟环境，漫游者可以随心所欲地游览，发现隐藏的文化故事。

　　参与者追求社交互动和交流，他们在休闲模式中寻求与其他玩家的互动。在 VR 文化旅游中，可以为参与者设计虚拟文化展览和社交活动，让他们在虚拟空间中与其他玩家分享观点和体验。通过参与座谈会等，参与者可以建立社交关系并享受与其他玩家的交流。

　　DGD1 模型的休闲模式在 VR 文化旅游中有较大的应用潜力。VR 技术可以创造细致、逼真的文化场景，让玩家身临其境地体验不同的文化景点和历史事件。在休闲模式下，设计虚拟文化旅游体验活动应考虑以下五个方面：①放松与娱乐，为玩家创造一个轻松、愉快的环境，让他们随意探索、欣赏景色，不受时间和压力限制；②社交互动，设计多人合作的虚拟旅游体验活动，让玩家与朋友一同探索、交流，共同解谜和完成任务，增强社交体验；③探索与发现，创造逼真的虚拟场景，让玩家自由探索文化景点，解锁隐藏的故事和背景，满足他们的探索欲望；④轻松互动，设计简单、有趣的互动活动，如解谜小游戏、文化问答等，让玩家在轻松的氛围中参与互动；⑤沉浸式体验，利用 VR 技术为游客提供沉浸式的体验，让玩家感受到真实文化景点的美丽和历史价值。

总之，DGD1 模型的休闲模式为 VR 文化旅游的设计提供了一个有益的指导框架。结合不同类型游客的需求，开展丰富多样的虚拟体验活动，可以使玩家在虚拟的文化世界中获得更丰富的体验，为文化旅游产业带来新的发展机会。

3.4　人机交互理论对 VR 文化旅游产业发展的意义

在 VR 文化旅游产业的发展中，人机交互理论具有重要的理论意义，可以为提升用户体验、推动产业创新和拓展发展前景提供指导。Bartle 分类法、Keirsey 性格模型和 DGD1 模型作为经典的人机交互理论，可以为 VR 文化旅游产业的发展注入更多活力。不同模型与 VR 项目交互机制的关系如图 3-3 所示。

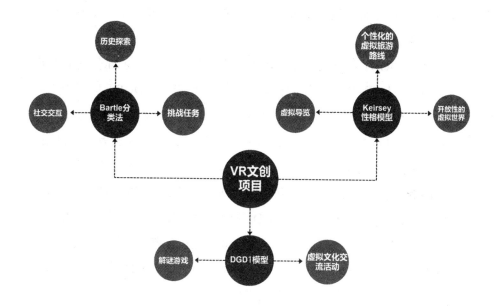

图 3-3　不同模型与 VR 项目交互机制的关系

　　首先，Bartle 分类法为 VR 文化旅游产业的发展提供了分析用户行为和需求的重要工具。通过将玩家分为不同类型，即社交家、杀手、成就者和探索者，Bartle 分类法揭示了不同玩家的兴趣和动机，为文化旅游内容的设计提供了参考。在虚拟世界中，可以根据不同类型的玩家需求，定制虚拟体验活动，如社交交互、挑战任务、历史探索等，从而提高用户的参与度和满意度。Bartle 分类法还能帮助 VR 文化旅游企业从不同维度理解用户行为，精准定位目标用户群体，制定个性化的营销策略，拓展 VR 文化旅游市场。

　　其次，Keirsey 性格模型强调用户个性差异，为 VR 文化旅游企业提供了更加精细的用户分类和定制化体验。在虚拟旅游中，不同性格类型的游客对文化景点、历史遗迹的兴趣和需求存在差异。对用户进行性格测试和分析，可以为他们提供个性化的虚拟旅游路线和内容，提高用户的满意度和参与度。例如，针对理性者，可以设计虚拟导览，强调历史文化的体验；针对理想主义者，可以打造开放的虚拟世界，让他们自由探索文化景点。

最后，DGD1 模型为 VR 文化旅游产业带来了更加多样化的游戏模式和体验。以硬核模式和休闲模式为项目类型指导，DGD1 模型为不同类型的玩家提供了适合其需求的游戏内容。在 VR 文化旅游中，DGD1 模型的应用可以打造丰富多样的虚拟体验活动，满足征服者、管理者、漫游者和参与者的需求。例如，为征服者设计具有挑战性的解谜游戏，为管理者打造虚拟社区，为漫游者设计开放世界的文化探索场景，为参与者开展虚拟文化交流活动。DGD1 模型的指导能使 VR 文化旅游产业更好地满足不同类型玩家的需求，提供多样化和有趣的文化体验。

综上所述，Bartle 分类法、Keirsey 性格模型和 DGD1 模型作为人机交互理论，为 VR 文化旅游的发展提供了重要的理论支持和指导。通过对用户需求和行为的深入分析，VR 文化旅游产业可以精准定位目标用户群体，打造个性化的虚拟体验活动，提高用户的满意度和参与度。随着技术的不断进步，这些理论和模型在 VR 文化旅游产业中的应用前景将更加广阔。未来，VR 文化旅游会通过精准的用户分析、个性化的虚拟体验和多样化的游戏模式，为用户带来更加丰富的文化探索体验，进一步推动整个产业的创新发展。

第4章 沉浸式的文化旅游理论框架

在深刻理解 Bartle、Keirsey 以及 Bateman 和 Boon 提出的人机交互理论后，分析不同性格类型的需求。研究人员可以更有针对性地设计 VR 文化旅游体验活动，满足不同用户的需求。本章以此为理论支撑，探讨如何利用 VR 技术满足用户的需求，以为 VR 文化旅游产品的设计和开发提供重要的理论基础。

考虑到用户需求对 VR 文化旅游项目的重要性，本章将深入研究 VR 游戏与 VR 文化旅游产品之间的差异，并探讨如何更好地满足用户的需求。通过比较 VR 游戏和 VR 文化旅游产品，研究人员可以更好地在 VR 文化旅游领域中设计具有趣味性、教育性和参与性的体验项目，使用户进行有意义的文化探索。

4.1 VR 游戏与 VR 文化旅游产品的差异分析

尽管 VR 游戏和 VR 文化旅游产品都依赖 VR 技术和人机交互理论，但是它们在目标、设计以及用户体验等方面呈现出显著的差异。在这一章节中，笔者将对 VR 游戏和 VR 文化旅游产品之间的差异进行深入分析，从目标与定位、设计理念、教育与娱乐的平衡三方面进行综合研究。

4.1.1 目标与定位的差异

1.VR 游戏的娱乐性目标

VR 游戏的主要目标是为玩家提供娱乐性的体验。游戏开发者致力于创造具有刺激性、趣味性和挑战性的游戏玩法，以吸引玩家并保持他们的兴趣。在这样的环境下，游戏的虚拟世界被塑造成一个充满奇幻、科幻或冒险元素的空间，玩家在其中扮演角色，与其他玩家进行互动。这个虚拟的游戏世界不仅令玩家沉浸其中，还赋予了他们探索、创造和竞技的自由。游戏通常通过引入关卡、任务、竞技等元素来促使玩家积极参与，这些元素为玩家提供了明确的游戏目标，调动了他们的积极性，使他们为完成挑战或达到特定目标而全身心投入。在成功克服游戏内的困难或达成目标时，玩家通常会收获成就感和满足感，这种情感的体验增强了游戏的吸引力。娱乐性在 VR 游戏中起到了核心作用，让玩家可以逃离现实，沉浸于一个充满乐趣的、令人惊奇的虚拟世界之中。玩家可以在 VR 游戏中获得情感上的共鸣、探险的乐趣以及社交互动的愉悦，这一切构成了 VR 游戏的吸引力，使其成为一个令人沉浸的娱乐媒介。

2.VR 文化旅游产品的教育性目标

与 VR 游戏不同，VR 文化旅游产品的目标更加注重教育和体验，旨在为用户提供沉浸式文化体验。这些产品利用 VR 技术，将用户带入历史、文化和艺术的世界中，为用户提供身临其境的学习和探索机会。产品的核心定位是为用户打开一扇通往过去和不同文化领域的大门，让他们亲身感受历史的脉络、传统的风貌以及文化的内涵。在这些 VR 文化旅游产品中，虚拟世界被精心打造成一个时空隧道，让用户可以穿越时空，亲历历史事件，亲眼看到古老城市的风貌。这种身临其境的文化体验是独特的，让游客不再是旁观者，而成了参与者，直接与虚拟环境中的角色、物品和情境进行互动。通过这种互动，用户能够更加深入地理解历史和文化，增强文化认知和情感共鸣。这种教育性体验不仅仅是知识的传递，更是一种情感上的连接，让用户能够更加真切地感受到文化的多样性。这种体验可以激发用户的好奇心和学习动力，使他们对历史、文化和艺术产生持久的兴趣。因此，VR 文化旅游产品的教育性目标在于为用户提供一次深刻的文化启发之旅，让他们在娱乐的同时获得知识和情感满足。

4.1.2　设计理念的差异

1.VR 游戏的设计理念

在 VR 游戏中，设计的核心目标是给玩家带来乐趣和挑战，以满足玩家的娱乐需求。游戏的设计强调游戏性，即玩家在虚拟世界中的角色扮演和互动。为了实现这一目标，游戏开发者通常采用奇幻、冒险等主题，创建充满刺激和紧张感的虚拟世界。游戏中的角色、任务和关卡通常是虚构的，旨在激发玩家的好奇心和竞争欲望，玩家需要运用策略、技巧来完成任务、击败对手或达到游戏设定的目标。

在设计 VR 游戏时，开发者关注的焦点如下：①刺激性的玩法。游戏设计要注重创造引人入胜的游戏玩法，通过引入挑战、关卡和障碍，激发玩家的兴趣。②角色互动。游戏中的虚拟角色需要具备多样的行为和反应，以便玩家可以与其进行互动，并在虚拟世界中进行角色扮演。③多样化的游戏元素。游戏中要融入多样化的道具、技能和任务，增加游戏的变化性和挑战性，以提高玩家的参与度。④社交互动。一些 VR游戏强调玩家之间的社交互动，通过多人游戏、合作或对抗模式，提升游戏的互动性和竞争性。

2.VR 文化旅游产品的设计理念

VR 文化旅游产品的设计理念更加注重真实性和文化还原。其核心目标是通过再现历史场景等，让用户获得沉浸式体验。VR 文化旅游产品设计强调文化体验和情感共鸣，让用户在虚拟环境中感受历史的厚重和文化的魅力。

在设计 VR 文化旅游产品时，设计者需要关注以下几方面：①历史还原。VR 文化旅游产品需要准确再现历史场景、建筑物、服饰和物品，以便用户可以身临其境地了解过去的生活和事件。②情感共鸣。精心设计，让用户产生情感共鸣，提升他们对历史和文化的认知水平与体验。③互动元素。虚拟环境中的互动元素需要能够与历史情境和文化元素相匹配，让用户可以参与场景中的活动和事件。④文化教育。VR 文化旅游产品设计需要注重教育价值，通过信息展示、解说和互动，向用户传递历史文化和价值观。

4.1.3 教育与娱乐的平衡

无论是游戏，还是 VR 文化旅游产品，娱乐与教育都是两个重要的设计因素。

1.VR 游戏侧重娱乐

虽然 VR 游戏主要是为用户提供娱乐性的体验，但一些游戏也在一定程度上融入了教育元素。不过，这种教育元素往往是为了游戏中故事情节的合理化而存在的，而不是游戏的主要特点。在 VR 游戏中，教育与娱乐平衡的关键要素如下：①背景故事的教育元素。一些 VR 游戏可能通过虚拟世界中的场景和人物，向玩家介绍一些历史知识、科学概念等。这些教育元素通常被融入游戏的背景故事中，以确保游戏真实和情节连贯。②任务和解谜的教育性。游戏中的任务和解谜可能需要玩家运用一些基本的数学、科学或逻辑知识来完成，这种教育元素以任务的形式存在，可以激发玩家的思维和学习兴趣。③虚拟世界中的学习机会。在虚拟世界中，玩家可以亲身体验，这种体验有助于他们直观地理解相关知识。例如，在虚拟太空中探索行星可以加深玩家对宇宙知识的理解。

2.VR 文化旅游产品侧重教育

VR 文化旅游产品更加强调教育性，但也注重娱乐元素的融合。其通过虚拟世界中的情境还原和互动体验，让用户更深入地了解历史事件，明白文化传承的重要性。在 VR 文化旅游产品中，教育与娱乐平衡的关键要素如下：①历史文化的深度学习。VR 文化旅游产品可以为用户提供更为深入和直接地学习历史文化知识的机会。通过沉浸式的体验，用户可以亲身参与历史事件，加深对历史文化的理解。②情感共鸣和体验。VR 文化旅游产品通过情感共鸣，可以让用户更加深刻地感受历史人物的情感，了解历史事件背后的故事，这种情感共鸣和体验有助于激发用户的学习兴趣。③具有趣味性的互动元素。为了增加用户的参与感和娱乐性，一些 VR 文化旅游产品采用了具有趣味性的互动元素，如解谜、寻宝等，这些互动元素在满足用户娱乐需求的同时，为用户提供了学习的机会。④教育与娱乐的平衡。在设计 VR 文化旅游产品时，平衡教育与娱乐是关键。产品不仅要向用户传递文化和历史知识，还要通过有趣的互动体验来增加吸引力，使用户保持高黏性和兴趣。

4.2　构建沉浸式的文化旅游理论框架

VR 游戏与 VR 文化旅游产品在多个方面具有明显的差异。尽管两者均重视 VR 技术，但它们在目标设定、策略选择以及用户体验方面存在着明显的差异。在满足用户需求、创造独特体验和取得好的教育效果方面，它们各自拥有不同的重点。在 VR 文化旅游项目的开发过程中，开发团队不仅需要汲取游戏领域的经验，更需进行自主创新，构建适应文化传播需要的理论框架。借助 VR 技术，开发团队能够创造多元化的体验方式，满足不同用户的需求，推动文化传承和旅游产业创新发展。

因此，如何设计一个成熟的 VR 文化旅游项目理论框架成为当前亟待解决的问题。借助之前的人机交互理论和 VR 技术，本节构建了一套通用的理论框架（见图 4-1）。在这个框架中，研究需要明确：利用 VR 特性增强 VR 文化旅游项目的沉浸式体验，以产生积极的用户体验，从而扩大 VR 文化旅游项目在文化传播方面的影响力。这一理论框架主要由三个关键要素组成：用户体验、VR 文化旅游项目以及 VR 特征。本书以用户体验为纵向指标，描述 VR 文化旅游项目如何给用户留下良好的第一印象，满足用户的持续体验需求持续体验，以及如何进行用户测试的成效综合分析。

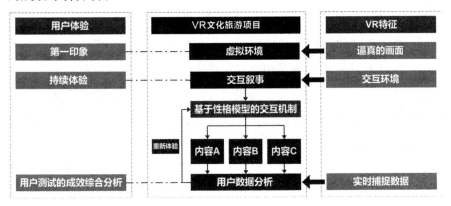

图 4-1　VR 文化旅游产品的通用理论框架

4.2.1　第一印象

首先，开发人员应深刻认识到影响用户体验的关键因素之一是第一印象。用户在整个体验过程中的初始感受具有极其重要的影响。如果一款游戏产品未能在最初阶段提供出色的沉浸式体验，无法吸引用户并激发他们继续参与的兴趣，这个产品就难以达到预期的效果。因此，开发人员应认真思考：在 VR 文化旅游产品中，第一印象究竟是什么？对于 VR 文化旅游产品而言，给观众留下深刻印象的可能是壮丽的宫殿、绚丽的人文景观等。因此，开发人员需要充分利用 VR 技术，巧妙地构建一个能令人产生强烈沉浸感的虚拟世界，从而给用户留下一个好的第一印象。为了实现这一目标，开发人员需要注意以下关键要素。

1. 精巧的虚拟场景设计

用户要在虚拟世界中亲身体验，因此开发人员应将虚拟场景设计得十分精巧。无论是古老的宫殿、繁忙的街道，还是优美的自然风景，都要高度逼真地呈现在用户眼前，让他们仿佛真正置身其中。高质量的虚拟场景设计可以增强用户的沉浸感，让他们仿佛身临其境，与历史文化产生更深入的互动，产生情感共鸣。同时，虚拟场景设计需要考虑用户体验的舒适性和安全性。在虚拟世界中，用户可能会出现晕眩或有其他不适感，因此开发人员需要采取相应的措施来减轻用户的这些不适感，这可能包括调整虚拟相机的运动方式、提供可调整的选项，以满足不同用户的需求，或者引入辅助设备来增加舒适性。虚拟场景是 VR 文化旅游产品中不可或缺的要素之一，它的精巧设计可以为用户提供逼真、沉浸式的虚拟体验，让他们更深入地了解文化遗产。因此，开发人员需要在技术、创意和用户体验等多个方面下功夫，以确保虚拟场景的逼真度达到最高水平。这将有助于 VR 文化旅游产品在市场上脱颖而出，为用户提供更好的文化探索体验。

2. 逼真的视觉效果

利用先进的 VR 技术，开发人员打造的虚拟世界可以取得逼真的视觉效果。高分辨率的画面、真实的光影效果以及细致入微的物体模型都能够让用户犹如身临其境。这些逼真的视觉元素将直接影响用户的第一印象，从而激发他们对虚拟世界的好奇心和兴趣。用户可以欣赏历史建筑的精湛工艺，感受自然景观的壮丽，近距离观赏文化遗产。这种高度逼真的视觉效果让用户仿佛置身于实际场景中，令他们对文化遗产的认知更加深入，激发了他们的学习兴趣和探索文化的热情。此外，逼真的视觉效果还能够提高用户的参与感和互动性。用户可以在虚拟世界中自由移动，与虚拟世界中的对象互动，如观赏艺术品、探索历史遗迹、参加虚拟文化活动等，这种互动性可以让他们更加深入地了解文化遗产。

因此，VR 文化旅游产品能否大卖往往取决于其逼真程度。开发人员需要借助先进的图形算法技术，以高水平的图形表现力来呈现文化遗产的魅力，从而为用户创造出一个充满惊喜的虚拟世界。这有助于产品在竞争激烈的市场中脱颖而出，成为用户心中的首选文化探索工具。

3.音效与环境氛围

声音在创造沉浸式体验中至关重要。逼真的音效能够使虚拟场景具有更加真实的氛围，将用户带入一个生动的虚拟世界。从鸟鸣、风声到人声，每一个声音都能够提升用户的感官体验，进一步提升他们的第一印象。在 VR 文化旅游产品中，音效的应用能够为用户带来身临其境的感觉。例如，在虚拟历史场景中，逼真的音效可以让用户感受到古代城市的喧嚣和繁忙，听到古老寺庙中的钟声回响；在虚拟自然风景中，风声、鸟鸣和水流声可以为用户提供身临其境般的体验。这些音效不仅能够增加虚拟场景的真实感，还可以引导用户的情感，使他们更深入地融入文化旅游的体验中。通过巧妙的音效设计，开发人员可以突出文化遗产的精髓。例如，适时的音效可以在历史场景中引导用户聆听历史故事。这种声音的引导有助于用户更好地理解文化遗产的背后故事和内涵，使他们的文化探索更加深入。因此，音效在 VR 文化旅游产品中扮演着不可或缺的角色。开发人员需要精心设计音效，确保其与虚拟场景的视觉效果相得益彰，从而为用户提供真实感十足的沉浸式体验。

4.2.2 持续体验

仅拥有高度逼真的计算机图形，而缺乏出色的交互机制，是无法持续吸引用户的。因此，开发人员需要设计多样化的交互机制，充分利用 VR 技术提供的多样交互方式，如手势识别、体感控制等，创造一个良好的交互环境。这个环境的设计并不仅仅是将所有的交互元素呈现在虚拟环境中，还需要构建一个具有交互性叙事机制的框架。通过巧妙地整

合各种交互元素，VR 平台能够让游客在虚拟环境中获得身临其境般的
体验。

在这个交互性叙事的机制中，开发人员需要根据项目的用户需求，
基于不同的性格模型，设计多样化的交互节点，将交互元素与叙事情节
巧妙地融合，以为用户提供更加生动的虚拟文化旅游体验。举例来说，
在一个历史文化场景中，用户可以通过手势或控制器来选择与不同角色
互动，从而触发相关对话和情节。这种自主选择的交互方式使用户能够
塑造他们的虚拟角色，并影响故事的走向。这种参与感增强了用户的投
入度，让他们感觉自己是故事的一部分，而不仅仅是旁观者。此外，体
感控制器也可以用来模拟特定动作，让用户与虚拟世界中的文化元素进
行互动。这种实际互动的机会使用户能够更深入地了解文化，引发他们
的情感共鸣。交互节点的设置不仅可以逐步引导用户沉浸在故事情节中，
还能够促使他们与虚拟世界中的文化元素建立更加密切的联系，让用户
在文化探索中获得更多乐趣和启发。

通过精心设计的交互性叙事元素，开发人员能够为人们提供一种身
临其境的体验，让用户感觉自己是虚拟世界的一部分，而不仅仅是旁观
者。这将大大增强用户的投入感和参与感，使他们更深入地感受到文化
传承的内涵。通过这种沉浸式的互动叙事，虚拟文化旅游产品能够为用
户提供更加深刻的文化探索体验。

4.2.3　用户测试

通过充分利用 VR 技术的视觉画面和交互机制，VR 平台可以有效满
足用户的沉浸式体验的需求。然而，为了确保 VR 文化旅游系统能够达
到预期效果，开发人员同样需要进行系统的有效性评估。这就需要利用
数字产品的独特优势——实时捕捉和记录用户数据，以及根据这些数据
进行实时反馈。这种用户测试和数据分析的过程将为研究提供了宝贵的

信息，帮助团队全面了解用户的感受和需求，为产品的持续改进提供科学依据。

在项目开发中，研发团队一般需要将用户测试作为关键步骤之一。通过邀请真实用户参与 VR 文化旅游体验活动，研发团队可以收集他们在不同交互节点的反馈意见和行为数据。这些数据包括用户在虚拟世界中的行走路径、交互选择、停留时长以及情感体验等，对这些数据实时捕捉能够帮助开发人员洞察用户行为，了解用户在体验过程中的情感变化、偏好和互动模式。

通过对用户数据的综合分析，开发人员能够深入了解用户的体验效果，并发现产品的潜在的问题和优点，为项目的持续改进提供有力支持。例如，开发人员可以通过分析用户在不同虚拟场景下的停留时长来判断他们的兴趣点，进而优化故事情节，确保用户在最吸引人的部分有更长时间的互动和探索；开发人员可以通过分析用户的交互选择和行为路径，了解他们在虚拟场景中的实际互动方式，这有助于开发人员调整交互元素的布局和导引方式，以提升用户的体验感。如果开发人员发现用户在特定情节中经常做出相似的选择，可以根据这些数据优化互动方式，以更好地满足用户的需求。

此外，用户测试还能够帮助开发人员识别系统的不足之处，发现可能存在的技术问题。通过用户的反馈和详尽的数据分析，开发人员能够及时发现用户在使用过程中遇到的困难，从而及时做出改进。这种持续的反馈和优化过程将为完善 VR 文化旅游项目提供助力，确保 VR 文化旅游项目能满足用户需求。

可见，用户测试是一个不可或缺的环节，能够为 VR 文化旅游项目的开发提供客观的用户反馈和科学可靠的数据支持，为 VR 文化旅游产品的优化和升级提供明确的指导。通过持续进行用户测试和数据分析，开发人员可以建立一个基于真实用户行为和反馈的全面评估体系，为 VR 文化旅游产品的优化提供依据，最终为用户提供沉浸式体验。

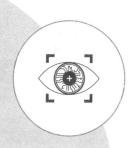

第 5 章　沉浸式的虚拟环境

在前面的章节中，笔者已经全面分析了构建沉浸式文化旅游体验项目的理论框架。第 4 章深入研究了影响用户体验的要素，特别强调了初次印象对整个体验的影响。研究的结果表明，用户在体验过程中的初始感受对整体印象至关重要。基于这一认识，本章将探讨如何利用 VR 技术创建沉浸式的虚拟环境，以获得逼真的视觉效果。

具体来说，本章将更深入地探讨虚拟环境的本质，以及如何创建逼真的虚拟环境，还将详细讨论如何设计虚拟环境中的交互机制，以为虚拟环境设计提供详细的指导，为用户提供充满沉浸感的、逼真的虚拟体验。

5.1　虚拟环境概述

虚拟环境是通过计算机技术和 VR 技术打造的数字化体验空间。在这个虚拟世界中，用户可以通过 VR 设备（如头戴式显示器和体感控制器）探索其中的场景，参与活动，感受到虚拟环境中的光影、声音和物体，仿佛置身于现实世界之中。这种沉浸感能打破现实世界对用户的束缚，使他们沉浸在虚拟世界中。逼真的虚拟环境的创建离不开三维模型、光影渲染、交互机制等。

5.1.1　三维模型

为了使虚拟环境逼真，高水平的三维建模技术至关重要。三维建模属于计算机图形学领域的知识，它允许开发人员将现实世界中的建筑、景观等转化为数字化的三维模型，从而在虚拟环境中再现这些真实世界的元素。

　　三维建模的过程涉及使用计算机软件将物体的形状、结构和纹理等信息转化为数字化的模型，这种数字化模型使用各种几何形状来展现物体的外观和特征。建模可以通过手工绘制、扫描现实物体或使用特定的建模软件进行。不同类型的物体可以采用不同的建模技术，如复杂的建筑物可以使用分层建模技术来逐层构建结构，有机形状的物体可以使用曲面建模技术来捕捉其流畅的曲线和曲面。

　　三维建模需要将艺术性、技术性和创造性相结合。建模师需要具备良好的审美观和空间感知能力，以便捕捉物体的细节和特征，还需要掌握各种建模工具和软件的使用方法，以便有效地将物体转化为数字模型。通过精细地建模，虚拟环境中的物体可以具有与现实物体一样的纹理、形状和比例。例如，在历史文化的虚拟旅游项目中，建筑物的细节、雕塑的特征、街道的风貌等都可以通过三维建模精准地再现，为用户提供与真实世界相似的体验。另外，建模师可以通过调整细节、发挥想象力和创新思维赋予虚拟环境中的物体更多的特色。

　　贴图也是三维建模过程中的重要一环。贴图是将现实世界中的物体表面纹理和图案贴到虚拟物体上的过程，通过在3D模型的表面添加贴图，开发人员可以赋予物体更精致的外观。例如，虚拟环境中的建筑物可以通过贴图展现真实的砖石、木材和玻璃等物体所拥有的质感，让用户感受到真实世界中这些物体的质感。

　　然而，三维建模也面临一些挑战。一是时间和成本上面临挑战。创建逼真的虚拟环境需要花费大量的时间和精力，因为建模师需要投入大量的时间来捕捉物体的每一个细节。同时，高质量的建模工作需要先进的硬件和软件支持，这可能会增加开发成本。二是技术上面临挑战。三维建模需要建模师熟练运用一些软件和掌握一些技术，以及对计算机图形学有深入理解，这可能需要长时间的学习和实践。

　　综上所述，三维建模技术在创建逼真的虚拟环境的过程中具有不可替代的作用。通过精细的建模和贴图，虚拟环境中的物体和场景可以与现实世界几乎无异，让用户获得身临其境的体验。然而，三维建模也面临一些挑战，包括时间、成本和技术等方面。在未来，随着计算机图形技术的不断进步，人们可以看到更加逼真的虚拟环境，获得多样化的体验。

5.1.2　光影渲染

　　在创建虚拟环境的过程中，光影扮演着至关重要的角色。光影效果能够使虚拟物体具有逼真的质感和层次感，使其在虚拟环境中显得更为真实。通过模拟不同角度和强度的光源以及物体之间的相互影响，虚拟环境中的物体能够展现出各种不同的阴影、高光和反射效果，从而提升整个场景的逼真度。

　　在虚拟环境中，光影渲染需要考虑多种因素，包括光源的类型、位置、颜色、强度等。不同类型的光源，如点光源、平行光等，会产生不同的照明效果，从而影响物体的光影效果。例如，在虚拟环境中，自然光可以通过模拟太阳的位置和角度，让物体在不同时间呈现出不同的颜色和阴影，增强氛围感；点光源可以用于突出特定物体的轮廓和细节，从而吸引用户的注意。

　　此外，物体之间的相互影响也会影响光影效果，如阴影的投射、反射效果等。阴影的投射可以使虚拟环境中的物体与周围环境产生更加自然的联系，使物体更好地融入整个场景，这种逼真的阴影效果可以使用户感受到光线的变化，进而增强虚拟体验的真实感。反射效果则可以让虚拟物体反射出周围物体的影像，增强物体的真实感和立体感。例如，在 VR 文化旅游项目中，当用户漫步于历史文化场景中时，通过逼真的反射效果，可以使用户在水面上清晰地看到建筑物的倒影，进一步增强真实感。这种对视觉效果的细致处理，尤其是光线追踪的应用，将使用户的虚拟体验更加接近现实中获得的体验，可以让他们感受到光影的细微差异，从而融入虚拟环境。

为了取得逼真的光影效果，计算机图形学领域涌现出了许多先进的渲染技术。其中，基于物理的渲染（physically based rendering, PBR）技术在近年来得到了广泛应用。PBR 技术基于真实世界中光的物理行为，通过模拟光的传播、反射、折射等过程，使虚拟物体呈现出逼真的外观。它考虑了光的能量守恒、材质的表面特性以及环境的影响等因素，使得渲染效果更加符合真实光照情况。

在实际应用中，逼真的光影效果需要先进的渲染引擎和硬件支持。渲染引擎是用于模拟光影效果的软件，它能够计算出物体表面在不同光照条件下的颜色、阴影和反射效果。一些知名的渲染引擎，如 Unreal Engine、Unity 等，具有强大的光照模拟能力，可以为虚拟环境的创建提供强有力的支持。此外，高性能的图形处理单元（graphics processing unit, GPU）也是取得逼真的光影效果的关键，因为光照计算涉及大量的复杂运算，需要强大的计算能力来保证渲染速度。

近年来，光线追踪逐渐被应用于 VR 项目。光线追踪是一种计算机图形学技术，旨在模拟光线在虚拟环境中的传播方式，它的基本原理是模拟光线从观察者（通常是虚拟摄像机）出发，经过虚拟场景中的各种物体后，最终到达图像平面或传感器上的过程。这个过程包括光线与物体表面的交互，如反射、折射和散射等现象，以及光线在传播过程中的衰减、颜色变化等。通过追踪每一条光线的路径和交互情况，计算机可以生成高度逼真的图像，让用户获得仿佛置身于真实世界的体验。光线追踪的显著影响之一是提高了虚拟现实环境的视觉质量。传统的渲染技术，如光栅化渲染，通常无法完美模拟光线的行为，因此在视觉上存在一些局限性，如硬阴影、反射和折射效果的不足。而光线追踪可以更精确地模拟这些现象，使虚拟环境看起来更加逼真。在虚拟现实应用中，视觉质量的提升意味着用户可以更深地融入虚拟场景中，获得更真实的体验。例如，当用户穿越虚拟森林时，光线追踪可以准确模拟阳光透过树叶的效果，产生逼真的光斑和阴影，让用户感觉仿佛置身于真实的森林中。在虚拟旅游、虚拟培训和娱乐领域，光线追踪将为用户带来更加逼真的体验。

综上所述，逼真的光影效果是构建虚拟环境不可或缺的因素之一。通过模拟不同角度和强度的光源以及物体之间的相互影响，虚拟环境中的物体可以呈现出更加真实的外观和层次感。基于物理的渲染技术以及先进的渲染引擎和硬件，也为开发团队创建逼真的虚拟环境提供了好的工具和方法。在未来，随着技术的不断进步，人们有望看到更加逼真的虚拟环境，获得更好的体验。

5.1.3　交互机制

在创建虚拟环境时，流畅的运动和视角切换至关重要，它们直接影响着用户的体验。虚拟环境中的运动和视角切换涉及用户在虚拟世界中的移动和观察，需要通过头戴式显示器、手柄控制器等设备来实现。

首先，流畅的运动机制是创建逼真的虚拟环境的关键之一。VR 设备通常包括头戴式显示器、手柄控制器等，这些设备可以捕捉用户的头部和手部动作，从而实现在虚拟环境中的运动。为了让用户虚拟体验更为真实，虚拟环境中的物体和场景必须与用户的动作保持同步。例如，在虚拟游戏中，用户可以通过手柄控制自己的角色进行行走、跳跃等动作，虚拟环境中的物体和地形必须能够准确地响应用户的指令，使用户感到自己真正参与其中。

其次，流畅的视角切换对用户体验有重要影响。虚拟环境中的视角切换可以让用户自由地观察不同角度的物体和场景，从而丰富他们的探索体验。在虚拟旅游场景中，用户可以通过头戴式显示器或手柄控制器来改变视角，欣赏周围的风景，进而增强参与感和探索欲。

然而，实现流畅的运动和视角切换并不简单，需要克服一些技术和设计上的困难。首先，虚拟环境中的运动必须与现实世界中的运动保持一致，否则用户可能会感到不适。例如，当用户在现实世界中走动时，虚拟环境中的角色应该做出相应的行走动作，以保持运动的同步性。其次，流畅的视角切换需要考虑用户的视觉习惯和感知方式。不同的用户可能对运动和视角切换的适应能力有所不同，因此需要设置灵活的选项，以满足不同用户的需求。

为了实现流畅的运动和视角切换，VR 技术不断发展。例如，头部追踪可以准确地捕捉用户的头部动作，从而实现自然的视角切换；体感控制器可以让用户通过手势和按钮进行运动和操作，增强用户的交互体验。

综上所述，流畅的运动和视角切换是创建逼真的虚拟环境的关键要素。通过合理的运动机制和视角设计，用户可以更加自然地探索虚拟环境中的物体和场景，从而增强他们的沉浸感和参与感。随着 VR 技术的不断进步，人们有望看到更加逼真的虚拟环境，为用户提供更好的探索体验。

5.2 创建逼真的虚拟环境

在前面，笔者已经深入探讨了创建逼真的虚拟环境所需的要素，包括高精度的模型、高清贴图和逼真的渲染效果，这些要素在虚拟环境的构建过程中起着至关重要的作用，直接影响着用户的体验。在这里，笔者将进一步探讨如何在 VR 文化旅游项目中创建逼真的虚拟环境。随着人工智能（artificial intelligence, AI）的不断发展，VR 产业的工业开发流程逐渐改变，因此本章把三维虚拟环境的构建流程分为传统的三维建模流程和基于 AI 的三维建模流程，并试图分析两者的差异与优劣。

5.2.1　传统的三维建模流程

传统的三维建模流程如图 5-1 所示。由图 5-1 可知，传统三维建模流程分为前期调研、三维建模和场景整合三个关键部分，每个部分在构建逼真的虚拟环境中都起着重要作用。

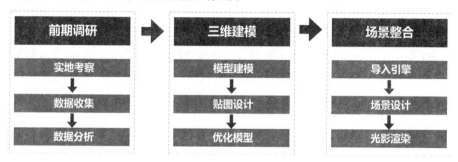

图 5-1　传统的三维建模流程（VR 文化旅游）

首先，开发人员要深刻认识到前期调研阶段对 VR 文化旅游项目的成功开发至关重要。实地考察是确保 VR 文化旅游项目成功的第一步，开发人员应亲自前往项目地点，捕捉环境中的各种细节。通过实地考察，开发人员能够深入了解 VR 文化旅游项目所涉及的场景、建筑、景观等元素。同时，观察周围的氛围、环境和文化特点，收集这些方面的数据，以为虚拟环境的构建提供宝贵的参考。这个阶段的数据收集不再局限于数字，更重要的是借助亲身感受，捕捉真实环境中的细节。在实地考察的基础上，数据分析成为进一步开发的桥梁，收集到的关键数据，如藏品信息、尺寸、参数等，为项目的后续工作的开展奠定了基础。这些数据不仅用于设计三维模型，更是精心构建虚拟环境的重要依据。通过数据分析，开发人员可以深入了解 VR 文化旅游项目的特点和需求，确保虚拟环境的建模和设计与现实世界保持高度的一致。

因为三维建模是创建逼真的虚拟环境的重要环节，所以接下来深入探讨三维建模的关键步骤。三维建模可以分为模型建模、贴图和模型优化三个阶段。在三维建模的第一个阶段，即模型建模阶段，设计人员要运用前期调研阶段获得的关键数据和信息，利用专业的建模软件，如Cinema 4D、ZBrush、3ds Max或Maya等进行创作。这些软件可以将现实世界中的物体和场景转化为精确的数字三维模型。通过精细的建模，设计人员可以重现VR文化旅游项目涉及的建筑、雕塑、景观等元素。第二阶段贴图是使虚拟物体逼真的关键，设计人员利用Quixel Mixer、Substance Painter等专业软件，赋予三维模型逼真的质感。贴图能够模拟物体表面的纹理、颜色和光泽，使虚拟物体在光照下呈现出逼真的效果。通过精心设计的贴图，虚拟环境中的物体可以在视觉和触觉上与现实世界的物体更加相似，这不仅增强了虚拟环境的真实感，也提升了用户的身临其境感。然而，一个逼真的虚拟环境不仅仅需要建模和贴图，还需要保持稳定的性能。这就体现出了模型优化的重要性。模型复杂性的提升可能会导致计算负担过重，影响虚拟环境的创建。为了保证设备运行良好和用户体验良好，开发人员需要对模型进行优化，减少模型的面数，合并重复的元素。模型优化可以确保虚拟环境在不同的硬件设备上都能够流畅运行，使用户不会因卡顿和延迟而失去沉浸感。

进入最终的整合阶段，产品开发迈向了创建逼真的虚拟环境的最后一步，在这个阶段各元素被巧妙地结合，创造了一个令人沉浸的虚拟世界。整合阶段在VR文化旅游项目的开发过程中扮演着至关重要的角色，它要求开发人员兼顾技术和创意，以创建逼真的虚拟环境。整合阶段涉及如何将精心设计的三维模型导入游戏引擎中。引擎的选择也至关重要，常见的引擎有虚幻引擎和Unity引擎等，它们为开发人员提供了强大的工具来实现虚拟环境的创建和优化。场景的设计是整合阶段的核心，在游戏引擎中，开发人员需要将之前设计的三维模型放置到适当的位置，创造一个与真实世界相似的虚拟环境，这需要考虑物体之间的相对位置、布局和比例，以保证场景的合理性和真实性。场景的设计不是堆砌模型，更是将各个元素有机地融合在一起，创造一个具有层次感的虚拟空间。光影的设计是整合阶段不可忽视的一部分。逼真的光影效果可以赋予虚拟物体和场景更加真实的外观，开发人员需要根据虚拟环境中的不同光源，调整模型的阴影、高光和反射效果，使虚拟物体呈现出与现实世界相似的质感。此外，如果项目的硬件和软件可以支持，开发人员可以运用光线追踪。它能够进一步提升场景的渲染效果，让用户感受到更加逼真的光影变化。光线追踪是一种高级的渲染技术，它模拟了光在现实世界中的传播方式，可以产生更加逼真的光照效果，包括阴影、折射、反射等。通过应用光线追踪，开发人员可以让虚拟环境中的光影效果更加自然，物体的表面细节更加真实，从而进一步增强用户的沉浸感。

开发人员按三维建模流程，成功地对广州知名地标广州红专厂进行了精确复原（见图 5-2）。

（a）现实场景（过去）　　　　　　　　（b）VR 复原

图 5-2　文化旅游地标的三维复原案例（广州红专厂）

在整个前期调研过程中，开发人员充分利用了线下实地考察和线上信息收集相结合的方法，以确保对广州红专厂景点的还原尽可能准确。开发人员采用数字化的方式记录和保存广州红专厂相关历史内容和文化产品，并把需要收集的复原元素进行了分类：室外地标和室内的艺术品。室外地标为广州红专厂的集装箱特色地标和以工业色彩为主题的室外公共艺术品，室内艺术品主要包括厂区内保存的工业机器和艺术展览厅内的公共艺术展品。

在三维建模阶段，开发人员将前期调研获得的数据转化为数字化的三维模型。开发人员采用了专业的建模工具，如使用 3ds Max 进行建模工作，这些工具能够将现实世界中的建筑、艺术品等元素精准地呈现在虚拟环境中。在建模的过程中，开发人员注重每个细节的准确性，以确保最终的模型与实际景点尽可能接近。贴图也是创建逼真的虚拟环境不可或缺的一步，开发人员采用了 Quixel Mixer 等专业软件赋予了三维模型逼真的质感和细节。通过贴图，虚拟环境中的物体可以呈现出与真实世界相似的外观，增强了用户的身临其境感。另外，优化模型同样是三维建模阶段的重要环节。在建模过程中，开发人员注重对模型的面数、顶点数等进行优化，以保证虚拟环境的稳定性和流畅性。

开发人员将之前设计的模型导入虚幻引擎等游戏引擎中，开始进行场景的布置和光影效果的设计。整合阶段不仅要将各个模型有机地结合在一起，还需要考虑如何创造出与广州红专厂实际情景一致的光影效果。开发人员需要调整光源的位置和强度，使虚拟环境中的物体具有类似于真实场景中物体的阴影、高光和反射效果。在虚幻引擎强大渲染能力的支持下，用户往往会对游览 VR 平台产生兴趣。

在创建逼真的虚拟环境的过程中，每一个阶段都是不可或缺的。从前期调研到三维建模，再到整合阶段，每一步都对虚拟环境最终呈现的效果有独特的作用。通过精心的创作、设计和优化等，VR 文化旅游项目形成了逼真的虚拟环境，给予了用户更好的文化探索体验。

5.2.2　基于 AI 的三维建模流程

如图 5-3 所示，AI 可以简化工作流程，在三维建模过程中发挥重要作用。基于 AI 的三维建模流程与传统的三维建模流程有一定的相似之处，都分为前期调研、建模修复和场景整合三个关键部分。区别是，基于 AI 的三维建模流程主要侧重对现有模型的修改和修复，而非从头开始重新构建三维模型。

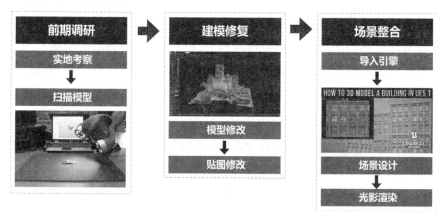

图 5-3 基于 AI 的三维建模流程（VR 文化旅游）

在基于 AI 的三维建模和传统的三维建模中，前期调研工作涵盖对 VR 文化旅游项目的实地考察以及数据分析，包括对藏品的数据以及其他关键参数的收集。在基于 AI 的三维建模中，前期调研阶段要对需要建模的藏品进行多角度的拍照，每个藏品需要超过 20 张高清照片。这些照片要被导入一款基于机器学习算法的软件 Reality Capture，它能够将激光扫描数据和照片进行全自动组合，这意味着它能够将这些照片和激光扫描数据进行混合，而无接缝和限制。这种技术能够帮助开发人员在保持高度准确性的前提下，更加高效地完成三维建模工作。通过实地考察和多角度拍摄高清照片，结合 Reality Capture 等软件，开发人员能够为后续的三维建模工作提供精确的藏品模型及高质量的贴图，从而确保项目的成功开发和开发过程的高效性。

模型修复主要分为两个部分：模型修改和贴图修改。由于高清扫描生成的模型可能会捕捉到额外的信息，或者存在多边形布线不佳等问题，因此在这个阶段需要开发人员利用 Cinema 4D 、ZBrush 等软件对高清扫描的模型进行必要的修改。这些修改主要包括剔除多余的多边形和进行布线优化，以确保模型的准确性和高质量。在进行模型修改时，开发人员需要审查高清扫描生成的模型，并对其中可能存在的问题进行识别和修复，这可能涉及多边形数量过多或过少、面不连续等问题。通过在专业的建模软件中进行修改，开发人员可以调整模型的细节，使其更符合实际情况。另外，通过 Reality Capture 生成的模型已经自带贴图，并且包括漫反射、高光和法线等业界通用的贴图信息。然而，这些贴图可能仍然存在一定的缺陷，需要进一步修改。在贴图修改阶段，开发人员会利用 Photoshop 和 Substance Painter 等软件，对贴图进行调整和优化。这可能包括处理贴图中的色彩偏差、细节丢失或者纹理不清晰等问题，以确保贴图在虚拟环境中呈现最佳的效果。这个阶段的模型和贴图修改工作都旨在将高清扫描生成的数据转化为优化的三维模型。通过优化模型和修改贴图，可以确保最终的三维模型的质量更高。

在经过模型修复后，与传统的三维建模流程类似，下一步是进行最终的整合工作。在这个阶段，开发人员需要将修复的模型导入游戏引擎，如虚幻引擎或 Unity 引擎，并在引擎中进行场景的设计。这要求将之前设计的各种藏品的三维模型进行有机整合，创建一个逼真的虚拟环境。需要注意的是，如果项目大量采用扫描模型，而且对模型细节和贴图等进行了修复和优化，虚拟环境的渲染可能会对计算机性能提出更高的要求。在这种情况下，如果项目的软硬件条件足够支撑，就应该运用光线追踪，以提升场景渲染效果。

开发人员根据图 5-3 所示的基于 AI 的三维建模流程，成功地对广州市十香园的室内外环境进行了精确复原（见图 5-4）。

（a）

（b）

图 5-4 基于 AI 的三维建模渲染效果展示

在创建虚拟场景之前，对广州市十香园的环境信息进行评估是一个关键的步骤。开发人员对广州市十香园进行了实地考察，并收集了相关数据，包括与工作人员沟通、获取平面图以及现场拍摄。这些数据为后续的虚拟场景创建提供了支持，能确保广州市十香园历史风貌的准确再现。在评估阶段，开发人员先获得了广州市十香园的平面图，平面图可以帮助开发人员准确地布置虚拟环境中的各个元素，保证虚拟景观与实际场景的一致性。

在实地考察中，开发人员收集了广州市十香园的室内藏品信息，如图 5-4（a）中展示的茶具和桌椅，并采用 Reality Capture 进行模型扫描。除扫描物品的外观外，开发人员还注重对模型与贴图的修改工作。这一步骤确保了通过扫描得到的三维模型不会因扫描错误而出现偏差。

在 Reality Capture 生成的模型基础上，开发人员对多边形布线、几何细节等进行了调整，以确保模型更加逼真。同时，开发人员利用 Photoshop 、Substance Painter 等软件对贴图进行修改，以提升物品的质感。模型扫描技术以及对模型的精细处理可以将实际的文化遗产转化为数字化的虚拟元素，为用户呈现一个极具真实感的虚拟场景。无论是茶具的金属光泽，还是桌椅的木质纹理，都能够在虚拟环境中得以精准还原。

面对植被在扫描中难以被精确捕捉这一问题，开发人员采用了一种折中的解决方案。在获取了景点的植被类型信息后，开发人员决定借助Megascans为虚拟环境选择合适的植被素材。Megascans是由Quixel公司开发的一个超高精度扫描素材库，涵盖现实世界中的纹理、植被、地表等。这个素材库中的素材是通过对真实环境进行高分辨率扫描而得到的，确保了所提供的素材的高逼真度。植被素材在Megascans中尤为丰富，涵盖各种植物，这些素材不但在外观上与现实世界的植物相似，而且在纹理、颜色和光照反射等方面做了精心处理，使其在虚拟环境中能够呈现出高逼真度。图5-4（b）清楚地展示了VR平台在选择和应用Megascans中的素材时的效果。无论是植物的纹理，还是植物的光影效果，都体现了开发人员对真实性的追求和对细节的关注。

前期调研、数据收集和与工作人员的交流为虚拟环境的创建奠定了坚实的基础。准确的平面图、基于实际室内藏品照片的扫描模型以及植被模型种类的选择，都是确保虚拟环境与真实场景尽可能相似的要素。通过现有的技术手段，开发人员再现了广州十香园的风采，为用户提供了一次身临其境的文化探索之旅。

5.2.3 传统的三维建模与基于AI的三维建模的优劣分析

传统的三维建模与基于AI的三维建模各有优势和劣势（见表5-1）。下面对这两种建模方式进行详细的优劣分析。

表5-1 两种建模方式的优劣比较

建模方式	精确度	布线合理性	开发耗时	多边形面数
传统的三维建模	一般或高	高	长	一般
基于AI的三维建模	高	一般	短	高

对模型的面数和造型的精细控制是传统的三维建模的优势之一。传统的三维建模赋予了设计师对每个模型细节的精细控制权,这种手动创建的方式使设计师能够针对每一个模型的形状、纹理和细节进行精准雕琢,确保了最终建模的质量和细致程度。这种精细控制的特性不仅能够保证建模结果的准确性,还使设计师能够根据项目需求进行个性化设计,构建独特的三维模型,为虚拟环境注入更多的个性化元素。设计师的技巧和艺术创造力给每一个模型赋予了生命力和情感,使最终呈现的虚拟环境更加吸引人。

传统三维建模也存在劣势。一是传统建模耗时较长。由于需要设计师逐一手动创建每个模型以及进行后续的优化,整个建模过程需要耗费较长的时间。二是传统建模的劳动成本相对较高。传统建模需要专业的设计师团队,这些设计师需要具备较高的技术和丰富的经验,这可能在预算有限的情况下成为一个挑战。此外,尽管传统建模可以实现精细控制,但在复原真实环境时,仍然可能出现模型不准确、贴图不完美等问题,这需要更多的人力和时间来进行修正和调整。

相较传统的三维建模,基于 AI 的三维建模在效率上具有明显的优势。基于 AI 的三维建模的优点体现在以下几个方面:一是具有快速扫描和生成能力。基于 AI 的三维建模通过自动化的扫描和生成,能够在相对较短的时间内完成模型的构建,从而大幅度加快了项目的开发速度。二是准确性较高。智能扫描技术可以精准地捕捉真实环境中的物体和细节,减少人为误差,使生成的模型更加贴近实际。三是能够降低人力成本。基于 AI 的三维建模能够减少对设计师团队的依赖,从而降低人力成本。四是适用于大规模应用,能够高效地处理大量的数据和物体,满足了大规模场景的建模需求。

虽然基于 AI 的三维建模具有许多优势,但也存在一些不可忽视的局限性。首先,这种建模方式可能缺乏创意。由于模型生成过程在很大程度上自动化,设计师的创意发挥受到一定限制,可能导致生成的模型缺乏个性和独特性。其次，质量控制可能较为困难。虽然智能技术可以快速生成模型，但要确保生成的模型质量达到预期标准可能会面临挑战，可能需要进一步的人工修正和调整。此外，智能技术可能无法处理特殊、复杂的情况，如非标准的物体，这限制了其应用范围。最后，基于 AI 的三维建模对技术的依赖性较高，一旦技术出现问题或者需要更新，可能会影响三维建模的稳定性和可持续性。

综上所述，当选择建模方式时，必须全面考虑项目的需求、时间、预算以及团队的技术和资源情况。传统的三维建模适用于那些注重精细控制和艺术创造性的项目。在传统的三维建模中，设计师可以通过手动创建模型的方式进行高度个性化的设计。然而，随着技术的不断进步，基于 AI 的三维建模逐渐被应用，其具备快速扫描和生成模型的能力，而且在模型的准确性方面表现出色。因此，对于某些项目来说，这种基于 AI 的三维建模方法可能更具优势。在实际应用中，项目可以综合利用这两种建模方式，以取长补短，获得更好的建模效果。例如，在需要高度艺术创造性的部分，设计师可以采用传统的三维建模方法，以实现创意的自由表达。对于那些需要大规模建模或高度精确性的部分，设计师可以利用基于 AI 的三维建模方法，以提高效率和准确性。无论采用哪种方式，都需要根据具体情况进行选择，以确保取得最佳的建模效果。

5.3　构建虚拟环境中的交互机制

在虚拟环境中，合适的交互机制是提高用户参与度的关键。下面将更深入地探讨如何设计虚拟环境中的交互机制。

5.3.1 虚拟环境中的导览系统

在参观博物馆或展览时，为了回到第一个或前面的几个场景，游客不得不步行回到之前的每一个场景，这可能会令人感到麻烦。同样，当游客使用 VR 设备进入虚拟环境中时，面对一个陌生的环境，很容易迷失方向，不知道自己所处位置。尽管 VR 技术允许游客通过控制器或身体运动在虚拟环境中以快于现实生活中的速度移动，但游客在整个环境中行走需要相当长的时间，并可能在探索过程中产生负面体验。因此，开发人员要保证游客在 VR 体验中不会迷失方向，不知道自己所处的位置，保证游客不会像在线下旅游一样一直走路。可见，在虚拟展览中要有导览系统。

虚拟展览中的导览系统可以帮助游客快速回到感兴趣的场景。需要注意的是，回到初始场景的过程不应该复杂或冗长，否则可能带给用户不好的体验。考虑到这一点，导览系统应具备一个智能且直观的可以回到初始场景的功能。例如，通过设定一个易发现和操作的按钮，游客可以随时返回初始位置，从而降低迷失方向的可能性。

开发人员应该为导览系统添加传输功能，让用户可以在不同地点之间快速而轻松地切换。其中，地图导航模块作为导览系统的核心组成部分，起到了至关重要的作用，其设计目标是让不同场景间的切换变得便捷，让用户没有不便之感。地图导航模块的设计旨在满足用户两大需求："我在哪里？""我如何前往目的地？"该模块为用户提供了实时地图，使其随时了解自己的当前位置，从而避免用户在探索中迷失方向。此外，用户还能通过传送菜单中的选项快速跳转至不同位置。这样的设计有助于游客缩短探索时间，同时避免游客迷失方向。

基于上述理论，开发人员精心设计了一个基于 VR 技术的交互式地图，旨在协助用户轻松参观 VR 十香园，而无须耗费时间步行。在这一设计中，开发人员引入了传送门或传送机的概念，这是电子游戏设计中的概念，可使玩家在不同位置或级别之间进行即时旅行。如图 5-5 所示，开发人员在交互式地图中融入了这一传送概念，通过地图呈现出各个重要景点的分景点列表。用户可以借助手势或体感控制器与交互式地图进行互动，点击不同的分景点，从而迅速切换至对应的场景。

（a）   （b）

图 5-5　从概念到实际的 VR 十香园交互式地图

在交互式地图中，用户能够迅速找到各个重要景点，并通过简单的操作完成场景之间的切换。这一功能的引入有效解决了用户可能在探索中面临的麻烦。在探索虚拟场景时，用户如果需要花费大量时间在不同场景间行走，可能会削弱其体验的乐趣，而通过传送门，用户可以迅速切换至不同的场景，既节省了时间，又避免了长时间行走可能带来的枯燥感。

通过与交互式地图互动，用户的位置将实时地显示在地图上，用户随时可以知道自己的当前位置。这一特性可以使用户更加自由地探索虚拟环境中的各个角落，而不必担心在未知的地方迷失方向。

综上所述，通过引入基于 VR 的交互式地图，开发人员为用户创造了一个更加流畅、便捷的探索体验机制，从而为用户提供了更好的体验。其中，传送门在解决用户可能面临的步行不便问题方面发挥了关键作用。通过传送门，用户能够迅速地在不同场景之间切换，无须长时间步行，极大地节省了时间和精力。此外，地图上实时显示用户位置的功能也是这一设计的亮点。这一功能保证了用户在探索过程中不会失去方向感。这种定位功能使虚拟探险变得更加安全和可控，并可以使用户更加自由、愉快地游览虚拟场景，获得沉浸式的文化探索体验。无论是探索历史古城，还是欣赏艺术珍品，用户都可以更好地享受这一全新的文化探索之旅。

5.3.2　虚拟环境中的藏品交互机制

在传统的博物馆中，出于安全考虑，参观者通常不能触摸和操作藏品，甚至不能重复观赏同一藏品。然而，在 VR 文化旅游项目中，藏品是虚拟的，这为游客提供了前所未有的自由，使他们可以随心所欲地触摸、操纵虚拟藏品。这种互动极大地增强了游客对藏品的好奇心，也为游客提供了更深入地探索相关信息的机会。

在 VR 文化旅游项目中，首先要考虑的是如何为用户提供基本的引导，以让他们意识到可以与藏品进行互动。VR 文化旅游项目中往往存在大量的藏品，如果同时显示所有藏品的文本信息，可能会分散用户的注意力。因此，构建触发式的指引机制在这种情况下尤为重要。触发式的指引机制和可见的信息面板不仅可以使用户在 VR 文化旅游项目中更加方便地与藏品互动，还提升了他们的参与感和探索欲望。这样的设计不仅简化了用户的操作流程，还为用户提供了更加直观和智能的交互体验，使用户更好地享受文化探索之旅。在 VR 红专厂项目中（见图 5-6），当用户靠近某个藏品时，藏品的指示箭头会在其上方显示，点击放大镜图标，用户就可以浏览有关信息。这样的指示标志能够清晰地引导用户与藏品进行交互，确保用户获得所需的信息。

图 5-6 VR 红专厂的藏品箭头指示及交互

其次，开发人员要认真思考与藏品互动的方式。其中，基本的互动方式之一是用户使用手势或体感控制器点击放大镜图标，从而使有关该藏品的信息呈现在眼前。在这一基础上，用户还可以通过体感控制器在 VR 平台上查看信息等。红专厂项目中展示红专厂概况的信息面板如图 5-7 所示，当信息量巨大时，用户可以通过按钮切换不同面板，以进行观看。这种基于手势和体感控制器的交互方式为用户提供了更加直观和自然的操作体验，用户只需要用简单的手势，就能够获取信息，无须依赖键盘和鼠标。这种交互方式能够使用户更深地沉浸在虚拟环境中，仿佛身临其境，与文化遗产进行真实的互动。与此同时，通过视觉化手段呈现信息，用户可以更轻松地理解和吸收所提供的信息，从而提升体验效果。这种直观的互动方式有助于打破传统学习的束缚，使用户更加愿意去了解和探索文化遗产。当用户在探索中获得满足感和成就感时，他们的参与度会得到进一步提升。

图 5-7 VR 红专厂的概况面板

需要注意的是，当一些藏品被集中陈列在同一个展柜内时，游客在操作其中部分藏品后可能会忽略其他藏品，从而失去了解其他相关藏品信息的机会。为了解决这个问题，开发人员不能采用一件件藏品单独触发的机制，而需要设计一次触发多件藏品的机制，即将这些收藏柜内藏品的 3D 信息面板设计为触发后全部可见，同时合理设计这些信息面板的大小（见图 5-8）。这一设计策略确保了游客在开始实际操作之前就能获取有关藏品的基本信息，从而帮助他们更好地了解每件藏品。通过这种设计，游客在操作收藏柜之前已经获得了一个信息概览，能够大致了解每件藏品的背景和特点。这样的安排使得游客能够更有针对性地选择自己感兴趣的藏品进行互动，避免了信息的遗漏。同时，信息面板的大小适度保证了信息面板能够在不影响用户操作的情况下，提供足够的信息。这样的设计能够帮助用户更好地参与 VR 文化遗产的探索。

图 5-8 藏品的文字显示

　　然而，仅仅查看文字信息并不能充分发挥 VR 的交互特性，开发人员有必要利用 VR 的特点来激发用户对藏品的交互热情。在 VR 十香园项目中，开发人员采取了让用户通过 VR 控制器来操作藏品的方式，就像玩家在视频游戏中对待扫描对象一样。操作古琴藏品的方式及在操作过程中呈现出相关历史信息的方式如图 5-9 所示。通过这种交互方式，用户不再是被动地接收信息，而是能够积极参与探索虚拟环境中的藏品，了解与藏品相关的知识。他们可以用手中的控制器触摸、旋转、倾斜甚至拆解藏品，了解藏品的各个细节，仿佛亲临实际场景。这种操作方式在很大程度上丰富了用户的体验，使他们不仅仅是观众，更成了虚拟世界中的参与者。通过手势与 VR 控制器，用户能够与虚拟文化遗产亲密互动，感受其独特之处。

（a）　　　　　　　　　　　（b）

图 5-9　用户与古琴交互

　　这样的交互方式不仅仅是单纯的信息传递，更是一种沉浸式的体验。通过对控制器的灵活操控，用户可以自由地探索藏品，近距离观察藏品的每一个细节。无论是旋转古琴的琴弦、触摸绘画的纹理，还是拆解机械构件，以了解其内部结构，用户都能够以亲身互动的方式感知和探索文化遗产的内涵。这种操作方式也为用户提供了更深入的学习体验，使他们能够更好地了解藏品的历史和价值。同时，这种交互方式提升了用户的参与度和情感投入度，能够使他们深度融入虚拟场景中。

　　互动在 VR 博物馆中扮演着重要的角色，它不仅能够满足游客的好奇心，还能够激发他们的探索欲望。通过互动，游客不再只是被动地观赏藏品，而是能够主动参与其中，深入了解每件藏品背后的故事、历史和文化。这种互动为游客提供了一种沉浸式的体验，使他们能够在虚拟环境中感受到与藏品亲密互动的乐趣。同时，互动有助于游客与展品之间建立情感联系。这种情感联系可以加深游客对文化遗产的理解。

　　总的来说，基于游戏中的互动机制设计互动机制，丰富了游客参观 VR 博物馆的体验。通过这种互动方式，游客能以一种前所未有的方式触摸和操纵虚拟藏品，深入了解虚拟藏品。这种深度互动不仅可以让游客沉浸式地参观文化展览，还激发了他们的好奇心，并为游客提供了一次有趣、有意义的文化探索之旅。他们不再是被动地观察藏品，而是积极参与与藏品的互动，全身心地沉浸其中，深刻感受到历史、艺术和文化的魅力。

第 6 章　沉浸式的互动叙事体验

成功的 VR 文化旅游项目并不仅仅是将所有的交互元素呈现在虚拟环境中，还需要构建一个具有交互性叙事机制的框架。通过巧妙地整合各种交互元素，游客可以在虚拟环境中获得沉浸式叙事体验。本章首先介绍了互动叙事理论，然后在此基础上探讨了如何构建融入互动叙事的场景，并就互动叙事中交互机制的构建进行了分析，旨在为 VR 文化旅游产品的互动叙事设计提供指导，以为用户提供更好的叙事体验。

6.1　互动叙事理论概述

虚拟叙事（virtual story telling）是一种采用计算机图形技术来设计叙事流程，为用户提供沉浸式的互动叙事体验的方法。这个概念的核心在于将用户置身于一个虚拟环境中，让他们通过与场景、角色的互动成为故事的参与者，而不仅仅是被动的观众。这种叙事方式旨在打破传统叙事模式的限制，为用户创造沉浸式的体验。在过去，虚拟叙事主要在视频游戏领域得到广泛应用，以增强玩家的代入感和参与度。通过引入虚拟叙事，游戏开发者能够创造出充满情感和戏剧性的故事情节，使玩家在虚拟世界中获得真实的体验。然而，随着科技的进步和应用领域的扩展，虚拟叙事开始应用到游戏以外的领域，如虚拟现实项目、文化旅游体验等。在设计沉浸式叙事流程时，需要综合考虑不同的互动叙事机制，以便为用户提供更好的体验。主流的虚拟叙事理论主要存在两种基本的叙事模式，即线性叙事模式和非线性叙事模式。下面将对这两种叙事模式进行深入分析。

6.1.1 线性叙事模式

线性叙事是虚拟叙事领域中的一个重要概念，在游戏领域中有广泛的应用。这种叙事模式通过一条明确的故事主线，引导用户在特定的时间内体验故事情节，从而使用户沉浸其中。在线性叙事中，故事的发展和结局是固定的，用户无法通过自身的选择改变故事的走向，而是被动地观察和感受。

线性叙事的核心特点是故事的连贯性和逻辑性。整个叙事过程是沿着一个固定的时间轴进行的，用户通过参与其中或观看不同的情节，逐步揭示故事的发展和高潮。这种叙事类似传统的故事叙述，通过引导用户从一个情节到另一个情节，从而在一定时间内完成整个故事的呈现。线性叙事模式如图 6-1 所示。

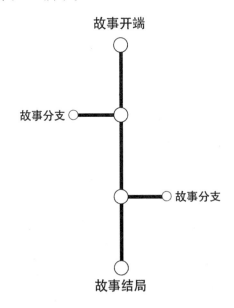

图 6-1　线性叙事模式

在线性叙事中，故事的情节、角色和场景都是预先设定好的，用户的参与主要体现在控制故事的推进速度上。用户可以通过互动，如点击、移动或者触发特定事件，来触发不同情节。这种互动不仅可以提升用户的参与感，还能够在一定程度上影响故事的节奏。通过调整互动的节奏，开发人员可以营造紧张、悬疑的氛围，从而更好地引导用户进行情感体验。

然而，线性叙事并不意味着故事的单一性。虽然整个故事有一个明确的主线，但在主线的基础上可能存在分支情节或者细节（见图6-1）。这些分支情节通常是为了提升故事的深度和丰富性，让用户可以在整个叙事过程中探索不同的情节线索，并引导用户去了解更多关于角色的背景、场景的历史，或者与主线故事相关的补充信息。这样的设计能够丰富整个叙事体验，让用户全身心投入。

在游戏领域，线性叙事常常用于创造情感共鸣和紧张感。通过设置紧凑的故事情节，玩家能够在有限的时间内体验丰富的情感，从而深度投入游戏世界。同时，在VR文化旅游项目中，线性叙事能够帮助用户更好地理解历史、文化以及故事背后的情感。通过呈现精心设计的故事情节，用户能够在短时间内获得情感体验和丰富的信息，从而更有意愿进行探索和体验。

线性叙事也存在一些限制。首先，由于故事的发展和结局是固定的，用户的选择和决策对故事情节没有实质性的影响，这可能导致一些用户对互动性的需求得不到满足，希望能够通过自身的决策改变故事的走向。其次，线性叙事的设定可能会让一些用户感觉受到限制，特别是那些习惯了自由探索的玩家，他们可能觉得失去了探索和创造的自由。

总的来说，线性叙事是一种充满魅力和情感的叙事模式，适用于那些希望快速获得情感体验和丰富信息的用户。通过巧妙地设计故事情节和融入互动元素，开发人员能够在虚拟环境中为用户提供引人入胜的叙事体验，让用户在短时间内深入了解故事世界。同时，开发人员应该考虑用户的需求和偏好，为那些喜欢自由探索和互动的用户提供更多的分支选择，从而为用户提供多样化的互动叙事体验。

6.1.2　非线性叙事模式

非线性叙事模式在虚拟叙事领域中扮演着举足轻重的角色，它以其开放性、自由性和互动性吸引了大量用户的关注。与线性叙事模式相比，非线性叙事模式更注重用户的自主选择和决策，允许他们在虚拟世界中自由探索、交互和创造。这种叙事模式适用于各种虚拟现实项目，包括游戏、文化旅游、教育和培训等领域的虚拟现实项目。

非线性叙事的核心特点是开放性和自由度较高。在这种叙事模式下，用户通常可以在虚拟世界中自由移动，选择自己感兴趣的地点、任务和情节。与线性叙事不同，非线性叙事并没有固定的故事主线和时间轴，用户可以根据自己的喜好和兴趣去体验不同的情节和事件。如图 6-2 所示的开放世界设计就是非线性叙事模式的典型体现，用户可以自由地在虚拟世界中探索。

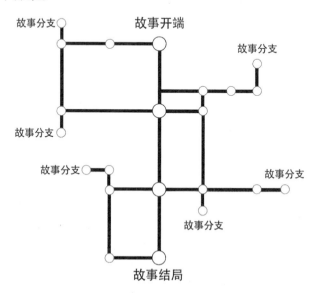

图 6-2　非线性（开放式）叙事模式

开放世界设计的优势在于创造了一个更真实和丰富的虚拟环境。用户可以像在现实世界中一样，根据自己的意愿去选择和行动，从而塑造出一个独特的虚拟世界。这样不仅能够满足用户的探索欲望，还能够激发用户的创造力和想象力。用户可以根据自己的喜好选择不同的情节、任务和活动，从而获得丰富的叙事体验。

与线性叙事相比，非线性叙事更具挑战性，因为它需要开发人员创建复杂且与现实世界相似的虚拟世界。在非线性叙事中，不同的选择和决策可能会导致不同的情节走向和结局，这就要求开发人员为每个可能出现的情况都设计相应的情节，并创建一个完整而有机的虚拟世界，让用户的选择得到合理的反馈。同时，开发者需要设计一套复杂的互动系统，让用户自由地与虚拟世界中的角色、环境和物体进行交互。

在游戏领域，非线性叙事模式常常应用于开放世界游戏中。玩家可以在游戏中自由探索各种地点，接收不同的任务，与虚拟角色互动等。这种可以自由探索的特性可以使玩家获得属于自己的游戏体验。在 VR 文化旅游领域，非线性叙事模式能够让用户根据自己的兴趣和目标来自由选择参观的地点、要了解的信息，从而获得更加个性化和富有意义的叙事体验。

然而，非线性叙事也存在一些挑战。首先，由于虚拟世界的复杂性，用户可能会在面对很多选择时感到困惑。过多的选择可能会让用户感到无所适从，甚至导致决策疲劳。因此，开发人员需要制定清晰的引导机制，帮助用户在虚拟世界中找到自己感兴趣的内容和活动。其次，虽然非线性叙事赋予了用户更多的自由，但也可能导致一些用户感到迷失和失落，因为在一个充满自由的虚拟世界中，用户可能会不知道该去做什么，缺乏明确的目标和方向。因此，开发人员需要设计一套引导和提示机制，让用户找到自己的目标和任务。

总的来说，非线性叙事模式在虚拟叙事领域中具有重要的意义和发展潜力。它为用户创造了一个自由、开放和可以互动的虚拟世界，能够满足用户的探索欲望。然而，开发者需要面对一些挑战，设计合理的引导机制和互动机制，以保证用户在虚拟世界中获得丰富的体验。

通过对线性叙事模式和非线性叙事模式的运用，开发人员可以创造出更加多样化、富有深度和互动性的虚拟叙事作品，为用户提供沉浸式体验。

6.1.3　线性叙事模式与非线性叙事模式的优劣分析

在 VR 文化旅游领域，叙事模式的正确选择对用户体验和项目的成功至关重要。线性叙事模式和非线性叙事模式各有优势和劣势，因此将这两种模式应用于 VR 文化旅游项目中时，需要考虑两者的特点，以取得最佳效果。线性叙事模式与非线性叙事模式在 VR 文化旅游中的优劣如表 6-1 所示。

表6-1　线性与非线性叙事的优劣分析

模　　式	寻路导航	自由度	开发耗时	重复可玩性
线性叙事模式	高	一般	短	低
非线性叙事模式	一般或差	高	长	高

线性叙事模式在 VR 文化旅游中应用的优势如下：一是导向明确。线性叙事模式能够为用户提供清晰的方向，确保用户不会迷失在虚拟环境中。这对新手用户来说尤其重要，因为他们可能对虚拟环境不太熟悉。二是故事紧凑。线性叙事模式可以精心编排故事情节，将信息传达得更加紧凑。这对在有限时间内传递文化信息和历史背景知识非常有帮助。三是情感共鸣。通过线性叙事，开发人员可以更好地控制用户的情感体验，使用户与角色产生情感联系。四是叙事一致性。线性叙事模式有助

于用户体验到完整、连贯的情节，从而使用户获得更好的 VR 文化旅游体验。

线性叙事模式在 VR 文化旅游中应用的劣势如下：一是缺乏自由度。线性叙事模式的一个明显不足是限制了用户的自由选择和决策。用户只能按照预设的路径进行体验，这可能会使一些习惯于自主探索的用户感到受限。对于那些希望根据个人兴趣和好奇心进行非线性探索的用户而言，线性叙事模式可能令其感到过于约束。二是重复性。由于线性叙事模式下用户每次体验的故事情节都是相同的，用户在多次体验后可能会感到厌倦，进而降低项目的吸引力。重复性可能导致用户失去探索的动力，因为他们已经熟悉了所有的情节和细节，降低了再次体验的兴趣。三是信息限制。由于需要按照时间限制进行精简，一些重要的信息可能会被省略或简化，从而影响用户对文化遗产的理解。这种信息限制可能导致用户错过一些重要的细节。

非线性叙事模式在 VR 文化旅游中应用的优势如下：一是自由探索。非线性叙事模式允许用户自由探索虚拟环境，选择自己感兴趣的地点和内容，从而满足用户个性化的需求。二是多样化体验，不同用户可以有不同的选择和体验，这增强了项目的多样性和互动性。用户可以根据自己的偏好和目标来定制自己的文化旅游体验。三是长期吸引力。非线性叙事模式通常具有长期吸引力，因为用户可以多次体验故事分支的情节，从而保持兴趣。四是，发挥创造力。用户在非线性叙事模式下可以自由选择行动，甚至参与到虚拟环境的创造中，这能够激发用户的创造力和想象力。

非线性叙事模式在 VR 文化旅游中应用也有以下劣势：一是迷失方向。非线性叙事模式可能会让一些用户迷失方向。对于不熟悉虚拟环境的用户来说，在一个开放的虚拟世界中，虽然用户可以自由选择去哪里，但是这可能会让他们不知道如何做出选择并前进，这种情况可能导致一些用户感到困惑和不知所措。二是信息碎片化。非线性叙事模式允许用户自由选择内容，这可能会导致信息碎片化的问题。用户可能会选择不同的路径和场景，从而无法获得完整和连贯的文化信息。这种信息碎片化可能导致用户对整体文化故事的理解不够深入，错过了一些重要的情节和细节。三是复杂性，非线性叙事模式的设计更复杂，需要考虑各种用户选择和情节分支。与线性叙事模式相比，非线性模式可能需要更多的时间和资源来开发，因为开发者人员要创造多个可能的情节和交互路径。这种复杂性可能会增加项目的开发成本和难度。

在实际应用中，线性叙事模式和非线性叙事模式可以根据项目的特点和目标灵活运用。例如，在 VR 文化旅游项目中，可以采用线性叙事模式为用户呈现一个精心编排的主线故事，然后结合非线性叙事模式，让用户在主线故事的基础上自由选择探索其他内容。这样既能够保证用户体验到丰富的叙事内容，又能够在一定程度上满足用户对自由探索和互动的需求。综合考虑，线性叙事模式和非线性叙事模式各有所长，项目开发人员可以根据项目的目标、用户群体特点和内容特点选择适合的叙事模式，以获得最理想的虚拟文化旅游体验。

6.2　构建融入互动叙事的场景

在对线性叙事模式和非线性叙事模式进行分析后，需要深入探讨如何为 VR 文化遗址选择合适的叙事模式，并根据所选模式进行相应的场景构建。

6.2.1　线性叙事场景

首先，要认真考虑 VR 文化遗址项目的目标和受众需求。在这一步，项目的定位和期望达成的效果是至关重要的。如果项目并不迫切需要在虚拟环境中精确还原每个场景，而主要目的在于向参观者介绍一系列与项目紧密相连的历史事件或文化知识，那么线性叙事模式可能更加合适。在设计线性叙事模式时，应该权衡游戏的交互性和场景的精确还原。当项目倾向采用线性叙事模式时，开发人员需要在一定程度上在场景的精确还原和交互性之间进行取舍，这意味着开发过程中可以在一些场景中适当降低对场景还原度的要求，以便更好地为叙事服务。例如，在虚拟的历史场景中，开发人员可以合理删去一些细节，从而确保参观者能够更流畅地跟随故事线前进，而不会因过多的细节而分散注意力。

通过线性叙事模式，开发人员能够巧妙地将各种情节有机地串联在一起，为参观者提供紧凑而连贯的体验。这种方式对在有限的时间内传递历史和文化信息非常有益。故事线的设计在叙事模式的构建过程中扮演着关键角色。在线性叙事模式中，开发人员需要精心编排故事情节，确保信息被紧凑地传递，同时引发情感共鸣。开发人员的任务是确定主要情节，将它们有机地连接在一起，以实现整个叙事流程的自然流畅。

在设计场景时，开发人员应该确保构建的环境与叙事内容相协调。这包括场景中的建筑、景观都应与故事情节或文化信息相协调。这种协调性有助于提升参观者的沉浸感和代入感，使他们全身心投入其中。另外，交互性设计也很重要。场景中的交互元素应与叙事模式相契合，以确保用户体验的一致性。在线性叙事模式中，开发人员可以有针对性地设置交互元素，从而引导参观者按照预定的路径进行体验。这种方式能使用户更好地理解故事情节，全身心投入其中。

线性叙事模式在 VR 文化旅游中具有许多优势。它能够提供清晰的方向，确保用户不会迷失在虚拟环境中，这对那些不熟悉虚拟环境的用户尤为重要；能够以紧凑的方式传递信息，引导用户深入了解文化遗址的历史和背景知识；能够设计连贯、完整的故事情节，从而向用户提供更流畅的 VR 文化旅游体验。

依据上述理论，开发人员为 VR 红专厂设计了一个沉浸式的线性故事线，旨在让用户在体验过程中流连忘返。团队将"旧工业时代——改革开放后创意产业"转变历程作为平台的虚拟叙事故事线进行设计，所有设计的场景主题和顺序都与这一故事线相呼应。该故事的主要场景包括开始场景、旧工业时代厂房、历史广场和创意回廊。

开始场景是用户体验的起点，通过动态介绍红专厂的成立时间、地址和历史变迁，为用户简要介绍红专厂的背景信息。旧工业时代厂房是故事线的关键部分，重点展示鹰金钱食品厂时期的厂区、流水线机器以及发生的重大事件等。通过动态展现改革开放前广州市工业发展的重要历程，用户可以更深入地了解这段工业历史。历史广场展现了鹰金钱食品厂如何从一个旧厂房蜕变为创意园区的过程，包括厂房地标的活化展示等，生动地展现了如何将文化遗址活化，赋予其新意义。创意回廊则通过用户控制灯光和观看视频进行交互，展现了红专厂内部创意产业发展的历史，使用户更深入地了解厂区内部的创意产业变革过程。用户浏览完创意回廊后，可以通过传送门或分支路回到起点，重新浏览整个 VR园区。这种设计不仅使用户可以自主探索，还确保了他们在任何时候都能返回起点，再次体验整个线性故事。

开发人员在设计中充分利用计算机图形技术，以复原红专厂的重要地标，展现其历史内容。他们通过线性故事的形式将这些内容动态地展示给用户，从而提升了用户的沉浸感和故事代入感。开发人员设计的故事流程以及各个流程的场景预览图如图 6-3 所示，让用户能够在虚拟环境中沉浸式地感受红专厂的历史变迁过程和创意产业发展过程。这种设计不仅能够吸引用户，还能够为他们提供一个深入了解文化遗址的机会，使整个体验过程更具教育性，引发用户的情感共鸣。

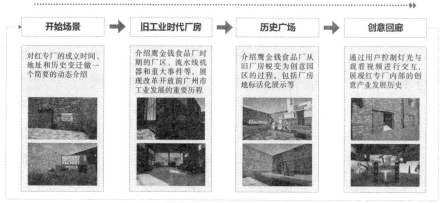

图6-3　基于线性叙事的 VR 红专厂场景概念

6.2.2　非线性叙事场景

通过前面的阐述，可以发现线性叙事场景强调的是叙事能力，并非对文化场景的精确还原。然而，一些文化遗址确实需要精确还原实际场景，以通过线上体验吸引国内外的游客进行虚拟游览。针对这类项目需求，就需要考虑基于非线性叙事的场景设计。

在非线性叙事模式下，参观者可以在一个开放世界中自由选择探索的路径，不受预设的探索路径的限制。这使参观者能够按照自己的兴趣进行探索，有机会发现隐藏在文化遗址中的细节和故事。对于那些追求个性化、深入的体验的参观者来说，非线性叙事模式能够提供更多的自主性和灵活性。此外，非线性叙事模式也能够更好地满足他们多样化的需求。不同游客可能对文化遗址的关注点和感兴趣的点有所不同，非线性叙事模式可为游客提供多条可以选择的探索路径和情节分支，能够更好地满足游客的需求，为他们提供个性化的体验。

在 VR 十香园项目中，开发人员发现实际场景中的每个房间或景点都分散地分布在十香园的不同角落。因此，要精确还原十香园的场景并构建一条明显的线性故事线相当困难。因此，在设计这个项目时，开发人员优先考虑采用非线性叙事的模式，以符合场景的特点，并通过不同的分支引导游客参观每个场景，深入了解其中的文化历史。

需要注意的是，由于十香园的分散结构，开放世界导航更加适合当前的研究。游客在园区入口便可以自由浏览各个场景，而不受任何顺序限制。为了引导游客参观各个场景，开发人员将通过一系列指引来鼓励他们探索（见图 6-4）。在每个小景点中，开发人员会采用线性故事的模式，逐一引导游客与藏品进行互动。这样的设计方式是为了在开放世界的基础上，通过线性叙事的方式引导游客与文化遗产进行互动，从而使游客更深入地探索历史。

（a） （b）

图 6-4 仿真的场景设计（十香园）

整体而言，开发人员在 VR 十香园项目中选择了结合开放世界和线性叙事的模式，以适应场景的布局需要和游客的探索需求。开放世界的自由性能够满足游客的多样化需求，而线性叙事的模式则使每个小景点都能够被精心设计，为游客提供更好的体验。通过这种设计，开发人员为游客创造了一个深入了解历史文化的环境，鼓励他们积极投入虚拟文化遗址的探索中。

需要注意的是，非线性叙事模式的开发相对较为复杂。它要求开发人员预先规划好多个可能的情节分支，以确保游客在自由探索中能够获得有意义的体验，满足游客的个性化需求。由于需要精确还原实际场景，整个项目会出现大量的高精度模型，这可能增加项目的开发成本和难度。尽管非线性叙事模式能够满足游客的多样化需求，但其在开发过程中需要投入更多的精力。因此，在选择叙事模式时，开发人员必须根据具体项目的需求和目标来进行权衡和选择。

6.3　构建互动叙事中的交互机制

在之前的章节中，笔者已经详细探讨了在 VR 项目中实现互动叙事的理论基础，涵盖线性叙事模式和非线性叙事模式，以及构建基于互动叙事三维场景的方法。除场景设计之外，还有一个重要的因素影响着观众在虚拟环境中能否获得沉浸式体验，那就是交互机制。为确保游客在虚拟环境中获得流畅而满意的互动叙事体验，开发人员必须考虑如何设计合适的交互机制。本章将进一步探讨如何构建互动叙事中的交互机制，重点讨论基于互动叙事的导览系统和藏品交互。

6.3.1　基于互动叙事的导览系统

尽管交互式地图能够为游客提供便利，但它在帮助游客规划虚拟环境中的参观路径方面有局限。因此，有必要设计一个专门的引导模块，以帮助游客定制他们的参观路线，而这个模块需要充分发挥三维空间的优势，为游客提供更立体、更实用的指引。

在设计引导模块时，首要考虑的是提供一种直观而吸引人的引导方式，引导游客在虚拟环境中游览。开发人员结合虚拟现实的特性，可以设计更具身临其境感的导览方式。例如，引导箭头或标识可以在游客周围的三维空间中动态地展现，指引游客前往目标地点。这种引导方式不仅能够提供更清晰的方向指示，还能够让游客获得更真实的导览体验。此外，引导模块还可以融入视觉和音频元素，为游客提供更好的导览体验。例如，通过虚拟现实眼镜或头戴式耳机，游客可以听到导览解说。同时，引导模块可以根据游客的兴趣和偏好，推荐特定的参观路径，让游客更深入地探索自己感兴趣的内容。

总而言之，在虚拟环境中为游客提供更加个性化和实用的导览体验，设计一个充分利用三维空间优势的引导模块是非常重要的。通过新的设计思路，结合视觉、音频元素，可以使游客获得沉浸式的导览体验，从而提升整个VR文化旅游项目的质量。

开发人员在红专厂VR项目中以线性叙事模式为基础，设计了一个故事导航模块，旨在加深游客在游览过程中对故事内容的理解，以满足那些希望深入了解文化内涵的游客的需求。该导航模块在游客进入新场景时展示带有黄色箭头的视觉引导，并提供景点的概览，以引导游客逐步浏览整个场景，如图6-5（a）所示。当游览完一个地点后，箭头指向下一个场景，为游客提供持续的导引，如图6-5（b）所示。为避免分散游客的注意力，视觉引导的持续时间被限制在8秒。这样的设计考虑到了游客的感知和注意力的特点，既能在引导过程中为游客提供必要的信息，又能避免信息过载。

（a）　　　　　　　　　　　　　　（b）

图6-5　线性叙事的3D图标导览

此外，每个地标都配备了一个信息图标。当游客需要完整地游览特定地点时，该图标会以黄色高亮显示。在游客完成浏览后，图标的颜色将逐渐变为半透明。这样，通过调整透明度，可以减少游客之前查看过的展品对游客造成的干扰，确保游客注意力集中在当前展品上。

在红专厂 VR 项目中，故事导航模块基于线性叙事模式引导游客，以让他们更好地理解故事内容和沉浸在故事中。

在开放世界的导览设计方面，开发人员在十香园 VR 项目中设计了一个基于非线性叙事模式的导览框架。这个导览框架可以让游客在不同景点之间自由探索。当游客进入各个景点（无论是步行，还是通过门户进入）时，引导面板会在游客面前显示。该面板呈现出推荐的路线图和摘要信息，旨在鼓励游客按照设计好的路线进行参观。

当游客从不同的方向进入景点触发区域时，导览面板会根据游客的参观历程动态显示相关信息，如图 6-6 所示。通过这种方式，游客可以根据自己的兴趣和探索方向，获取与之相关的具体信息。这样的非线性叙事导览框架在尊重游客的个人探索意愿的同时，能为他们提供导览信息。

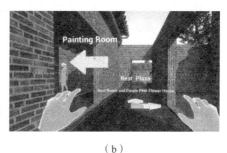

（a）　　　　　　　　　　　　　（b）

图 6-6　非线性叙事导览效果

通过互动叙事导览框架，游客能够广泛地了解十香园的作品，同时根据自己的兴趣和偏好进行探索。这种基于非线性叙事的导览方式为游客提供了更多的进行自主探索和个性化体验的机会，同时确保他们不会错过任何关键信息。

互动叙事中的导览系统在文化传播方面有深远的影响。通过引导参观者在虚拟环境中进行探索，导览系统有效地加深了参观者对文化故事的理解，促进了文化传播。

导览系统通过引导模块，帮助参观者在虚拟环境中有序地进行体验。这种引导性设计使参观者更容易理解故事内容，了解历史背景，从而沉浸其中。而且，导览系统为参观者提供了参观方向，避免使参观者迷失方向，从而提高了参观者的满意度。

总之，互动叙事中的导览系统在文化传播中起着重要作用。导览系统通过帮助参观者理解文化故事，提升了参观者的参与度和满意度，促进了文化的传播和传承。该系统使文化遗址更具吸引力，吸引了更多的人去探索文化遗址，从而推动文化的传播和发展。

6.3.2　基于互动叙事的藏品交互

尽管开发人员已经成功利用 VR 技术，通过手势扫描藏品，让用户与藏品进行交互，以及利用 3D 面板以图文方式展示藏品信息，但是这些基础的交互方式未能带给用户沉浸式的体验。根据 Bartle 人机交互理论，用户渴望对虚拟世界产生影响，从而获得成就感。因此，在与重要的藏品互动时，开发人员应该考虑赋予用户更大的权利，通过他们的交互操作改变虚拟场景，从而让他们在探索的同时，获得影响虚拟世界的成就感。

这种更高级的交互方式可以大大增强用户的参与感和投入感，使他们更深入地感受到虚拟世界的存在。用户成了虚拟世界的创造者和影响者。

基于上述理论，开发人员着眼于构建更好的互动机制，以便用户能与承载着红专厂历史的知名地标进行互动，从而更加深入地了解红专厂的历史。

历史广场的地标融合了工业时代的元素和现代创意产业的元素，承载着红专厂的历史。为了更好地呈现这种历史演进，开发人员在广场内引入了一项具有互动性的机制，以控制"时间"的流逝。在历史广场的中央，开发人员设置了一个状态栏，允许用户通过操作切换创意广场不同时代的景象。这个设计允许用户主动参与并深入了解红专厂的历史变迁，通过实时更新的创意广场不同时代的景象，感受到时间的流逝。

用户简单拖动状态栏，就可以使历史广场内地标的外观和灯光随着时间的推移而动态变化（见图6-7）。这种设计借助VR技术，使用户能够实时感受到红专厂不同历史阶段的变化，从而更加深刻地理解红专厂的演进历程。用户既能够亲眼看到工业时代的景象，又能目睹现代景象，进而全面了解红专厂从过去到现在的发展历程。

（a）   （b）

图6-7   控制导航条见证不同年份的红专厂变迁

这一互动机制的运用不仅使用户成为时间的操控者，还增强了用户与历史广场地标之间的互动性。用户能够更加直观地感受到红专厂随时间的推移而发生的变化，也能更深入地了解红专厂在不同历史阶段的贡献。这种设计的巧妙之处在于它将时间作为一种资源赋予了用户，让他们能够以独特的方式参与到历史的演绎中，从而增强了他们的沉浸感和情感共鸣。

同时，开发人员为红专厂打造了一个图像数据库，这些图像根据其主要色调被分成五组。在创意走廊中，开发人员为用户提供了与屏幕图标和面板互动的机会，用户能够通过点击屏幕图标与面板进行交互，进而为场景中的每个聚光灯选择不同颜色的照明。通过选择喜欢的灯光颜色，用户可以从数据库中检索相应的主题图像，从而使场景呈现随机选择的效果。不同屏幕颜色和照明选项的组合能够产生多样的图像呈现方式，从而呈现多样的展示效果（见图6-8）。

（a）　　　　　　　　　　　　　　　　　（b）

图6-8　基于用户控制灯光的交互装置

此外，中央光源还能动态地混合所有聚光灯的颜色，从而有效地展示用户选择的代表创意公园特征的颜色。开发人员的目标是为用户提供改变场景和照明的交互机制，鼓励他们积极地探索，进而提升他们的参与度。通过与红专厂的虚拟形象互动，用户能够更加深入地了解广州创意艺术的发展历程，从而在体验中获得丰富的文化知识。

这样的设计使用户不仅成了观察者，还成了创造者，能够通过自己的选择和互动影响场景。这种设计不仅增强了用户的互动体验，还能够让他们更加深刻地感受到红专厂的魅力。

另外，红专厂的重要藏品交互在文化传播方面有深远影响。通过巧妙地结合线性叙事模式和互动设计原则，红专厂的 VR 项目成功地将参观者融入虚拟世界中，提升了他们的参与度和代入感。这种交互式体验不仅使参观者成为观察者，更使他们成了创造者和影响者，从而深刻地影响了文化传播的方式和效果。

重要地标的互动设计进一步增强了参观者的参与感和影响力。通过控制时间和照明，参观者得以亲身体验红专厂的历史变迁，从而更加深刻地感受到文化的演变和发展。此外，在创意走廊中，参观者的选择不仅仅影响了场景的外观，还触发了数据库中的主题图像，进一步丰富了文化内容的呈现方式，增强了文化传播效果。

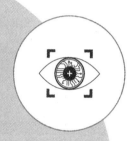

第 7 章　VR 文化旅游项目的用户测试

在前面，笔者已经对构建 VR 文化旅游体验的项目理论框架进行了全面的分析，也深入探讨了如何构建虚拟环境。然而，这并不能确保 VR 产品设计的最终成功，关键是要通过用户测试验证项目的质量和实用性，一个成功的 VR 产品需要经受用户的严格检验和认可。

用户测试是一项关键的实践工作，旨在确保 VR 文化旅游体验项目能够满足用户需求、提供卓越的用户体验，并确保项目成功。本章将详细介绍用户测试的各个方面，包括实验方法的设计、合适的实验场景和任务的规划，以及数据的收集和分析。通过深入讨论这些方面，本章为开发人员提供详细的指导，以确保他们可以基于用户的反馈和需求不断提升 VR 文化旅游项目的质量。

7.1　用户测试的实验概述

在进行用户测试之前，需要先明确实验方法。不同的实验方法适用于不同的测试目标，包括用户界面评估、用户体验评估等。笔者将详细分析 VR 项目中常用的对比实验法，并探讨如何根据项目的特点制定合适的实验流程，包括前测和后测的理论概述。此外，笔者还将着重讨论用户测试的关键环节之一，即用户反馈，包含用户测试问卷和访谈方法。

7.1.1　对比实验法

对比实验法是一种被广泛采用且高效的用户测试方法，其通过比较不同的产品或设计方案，评估它们在用户体验、满意度等方面的差异。

在计算机软件类的项目开发中，对比实验法的运用要注意以下几个方面。

1. 对比的实验目标

明确的实验目标能够指导实验的设计和实施过程。根据实验目标，确定需要对比的关键因素，这可能涵盖不同版本的 VR 系统、不同的互动媒介、不同的用户群体等。选取的对比因素与实验目标紧密相关，并能够为实验结果提供有价值的信息，而且在每个对比因素下，确定需要测量和比较的具体变量。例如，对不同版本的 VR 系统进行比较，需要关注用户体验、任务完成时间、错误率等指标；对不同用户群体进行比较，需要考虑用户满意度、行为差异等。需要注意的是，确保所选的对比变量能客观地反映用户体验的不同方面。

2. 随机分组

分组设置是对比实验的关键步骤之一，它将参与者随机分成不同组别，以便在不同条件下进行测试，这一步骤的正确实施能够确保实验结果的可靠性和可比性。在分组设置阶段，研究者需要随机将参与者分配到不同的组别中。随机分组是为了减少实验结果中可能存在的偏见和误差，确保每个组别的参与者具有相似的特征，这有助于提升实验结果的准确性。在分组设置时，要尽量控制除了对比的变量外的其他可能影响实验结果的变量，这可以通过在不同组别中保持其他条件的一致性来实现。例如，如果对 VR 平台和电子书平台进行比较，要确保参与者其他方面的条件尽可能相同，如测试环境、任务设置等。适当的分组设置可以确保在对比实验中得到准确、可靠的数据，从而有效地比较不同条件下的影响情况。这也能够减少实验结果的误差，为后续数据收集和分析提供有力的支持。

3. 任务的一致性

任务的一致性是对比实验的关键，它确保了不同组别参与者在测试过程中享受的条件一致，从而得到准确的实验结果。在实验过程中，需要为每个组别设计相同的任务，以便比较不同条件下的实验效果。此外，任务应当具有相似的难度和复杂度，以确保结果的可比性。如果比较VR平台与其他媒介，需要确保每个组别的任务在内容和目标上相似。每个组别的参与者应当掌握相同的操作步骤、接受相同的指导，以避免实验结果受到影响。在实验过程中，时间限制的一致性可以消除时间因素对实验结果的影响，使实验结果更加准确，因此实验要为每个组别设定相同的时间限制，以确保参与者在相同的时间内完成任务。实验环境的一致性也是影响实验结果的重要因素。确保每个组别在相同的环境下进行测试，避免环境因素对实验结果的影响。这包括实验室条件、硬件设备等。在实验过程中，要使用相同的数据收集方法和工具，以确保数据的一致性和可比性。例如，如果比较用户满意度，要使用相同的问卷或调查工具。通过保持任务的一致性，可以降低实验结果受到其他变量影响的可能性，确保不同组别之间的比较具有可靠性和有效性。

4. 项目更新与优化

项目更新与优化是基于数据分析的结果，进一步提升VR文化旅游项目的质量。对比实验的数据分析是关键，它可以展现不同条件下项目的差异和发展趋势。了解这些差异出现的原因是十分重要的，这有助于理解用户在不同条件下的行为。从用户行为的角度深入分析实验结果，探讨用户在不同条件下的偏好、需求和反应，通过比较不同条件下的用户反馈，分析哪些方案更能引发积极的用户体验，并结合实验数据和用户反馈，获得更全面的理解。用户可能会提供界面、交互、内容等方面的反馈，这些反馈对项目优化至关重要。根据实验结果，针对用户的偏好和期望进行调整，确保项目更贴近用户的心理预期。基于实验结果，识别出需要进一步优化的方面，如界面的改进、交互流程的优化、内容的调整等。项目优化的目标是提供更好的用户体验，满足用户需求，使项目更加吸引人。

综上所述，对比实验法是一种强大的用户测试方法，它可以评估不同条件下的用户体验差异，为项目的优化提供有力的支持。通过科学的实验设计、数据收集和分析，可以获得关于不同设计方案的客观结论，从而为 VR 文化旅游项目的成功打下坚实的基础。

7.1.2　前测和后测

在用户测试的流程设计中，前测（pretest）和后测（post-test）扮演着重要的角色。这两个阶段的设计能够帮助人们更准确地评估 VR 文化旅游项目，了解用户的反应和体验，并优化 VR 文化旅游项目，以满足用户的需求。下面将详细探讨前测和后测在用户测试中的作用，以及如何设计前测和后测，以获得有意义的数据和结论。

1. 前测的作用和设计

前测是用户测试的开始，它旨在获取用户未接触项目之前的基准数据，为后续测试结果提供比较的基准。前测的设计对后续的测试至关重要，它确保了在测试中能够捕捉到用户的实际变化，有助于更好地理解用户的需求、期望，从而为项目优化提供指导。前测由五个方面组成，每个方面都对前测有效性和准确性的确保至关重要。

（1）目标明确。在前测阶段，明确的目标和研究问题是至关重要的。这是前测的基础，也是后续分析的方向。这一阶段需要确定想要获取的变量和指标，以及希望通过前测获得的信息，这可能涵盖用户的知识水平、期望、体验预期等方面。基于明确的目标，有针对性地安排测量工具、设计问题，以获取有意义的数据。首先，明确的目标有助于确定前测的关键性能指标。这些指标包括用户的满意度、任务完成时间、错误率、交互效率等。例如，如果一个 VR 文化旅游项目的目标是提升用户对历史文化场景的沉浸感，那么满意度和沉浸感可能是关键指标。其次，明确的目标有助于确定测试的参与者群体。不同的目标用户群体可能会有不同的需求和期望，因此前测的参与者应该与目标用户相符。例如，如果项目的目标用户是文化历史爱好者，那么前测的参与者应该包括具有相关兴趣和掌握相关知识的人群。再次，明确的目标有助于确定前测的测试环境。例如，如果项目的目标是提高VR应用在教育中的有效性，那么前测可以在学校或教育机构进行，以更好地模拟实际使用情景。最后，明确的目标为后续的数据分析提供了方向。通过了解想要获得的信息和指标，可以更有针对性地分析前测数据，以获取用户需求、期望等方面的深入信息。总之，明确的目标是前测的基础，它有助于确定关键指标、参与者、测试环境和数据分析方向，从而为用户测试提供有力的指导。

（2）用户样本选择。选择合适的用户样本是前测的关键。首先，用户样本选择需要考虑目标用户群体，这意味着明确项目的主要受众是谁。其次，用户样本选择需要考虑用户样本的多样性，以确保前测的结果更具代表性。不同用户可能有不同的需求、期望和反应，因此选择样本时应该考虑这些差异。例如，如果你的项目面向国际游客，那么样本要包括不同国籍和文化背景的人，以更好地了解他们的需求、期望和反应。最后，用户样本选择需要考虑用户样本的规模。用户样本的规模应该足够大，以确保在统计上获得显著的结果。根据项目的复杂程度和预算，可以确定适当的用户样本规模。总之，用户样本选择是前测的关键步骤，它直接影响着前测结果的准确性。通过选择合适的样本，考虑样本的多样性，并确保足够的样本规模，可以获得更具有说服力和实用性的前测数据。这些数据将为项目的后续改进和优化提供重要支持。

（3）测量方法。选择合适的测量方法收集数据是确保前测有效性的关键，可以使用问卷调查、观察记录、面对面访谈等不同的方法。首先，问卷调查是一个常用的前测测量方法。通过设计结构化的问题，研究者可以收集用户的反馈信息和意见。问卷可以涵盖各种主题，包括用户的先前 VR 体验、对项目的期望、文化背景等，确保问题清晰明了，不引导用户回答，以获取用户真实的观点和感受。其次，观察记录是一个重要的测量方法。通过观察用户在前测中的行为和反应，可以收集他们的实际体验信息。这种方法可以提供客观的数据，评估用户在虚拟环境中的行为和反应。最后，面对面访谈是一种深入了解用户的方法。与用户进行开放性的访谈，揭示用户的深层次需求和期望，提供他们的个性化信息。除了这些方法外，还可以使用生理测量工具获取用户的生理反应数据，这些数据可以反映用户情感状态方面的信息，帮助研究者更全面地理解他们的体验。需要注意的是，确保测量方法的有效性和可靠性，这可以通过在设计前测时进行预测试来实现，而预测试可以帮助研究者发现问题并进行改进。

（4）前测执行。明确了目标、选择了用户样本和明确了测量方法后，需要收集前测的数据。这可以通过多种方式进行，如在线问卷、面对面访谈、焦点小组讨论等。研究者需要确保数据收集过程的完整性，以获取代表性的数据样本。同时，注意与用户进行互动时的沟通和引导，以确保他们理解问题并能够提供准确的反馈信息。在执行前测时，沟通和引导用户至关重要，研究者应该与用户建立信任关系，确保他们感到自由和舒适，以使他们分享自己的真实感受。此外，要确保数据收集的过程无偏差，这意味着不应该在问题设计和数据收集中引入主观性意见，以免影响结果的准确性。此外，应该遵循科学的研究原则和伦理规范，以保护用户的隐私和权益。数据的完整性也非常重要，研究者要确保收集到的数据是完整的，没有遗漏或错误，这可以通过仔细检查数据收集工具和过程来实现，确保每个用户都进行了适当的记录和反馈。总而言之，执行准确的前测是用户测试的关键之一。选择适当的数据收集方法，与用户进行有效的互动，确保数据的准确性和完整性，这可以为后续测试提供可信的基准数据，从而更好地理解用户的需求。前测的结果将指导项目改进和优化。

（5）数据分析。数据分析是必不可少的步骤。前测数据分析有助于了解用户接触项目之前的状态和特征。这些分析结果将成为后续对比分析的基础，帮助研究者了解用户接触项目后的变化。通过对数据进行整理、统计和可视化，可以得出有关用户先前知识、期望和体验的结论。数据整理是数据分析的第一步。在这个阶段，收集到的原始数据将被整理成可分析的格式，包括清洗数据、填补缺失值、解决异常值等。数据整理的目标是确保数据的一致性，以便后续分析能够顺利进行。数据统计是数据分析的第二步，这个阶段可以提供有关数据的基本特征，如平均值、中位数、标准差等。这些统计指标可以用来描述用户在前测中的整体表现，比较不同用户群体之间的差异，以及前测数据的分布情况。数据可视化是将数据呈现为图形或图表的过程，以便更直观地理解数据。通过绘制柱状图、折线图、散点图等，可以清晰地展示数据的变化趋势。

综上所述，在用户测试过程中，前测是基石，它为后续的对比分析提供了基准。通过明确目标、选择用户样本、明确测量方法、执行前测和分析数据，研究者可以获取用户接触项目之前的信息，为后续的测试提供有意义的数据对比。这将帮助研究者更准确地评估项目的影响情况和效果，为项目的优化和改进提供依据。

2. 后测的作用和设计

后测是用户测试接收后的阶段，它旨在评估用户接触项目后的反应、体验和变化。通过与前测结果进行对比，研究者可以更准确地了解项目对用户的影响，并识别项目的优势和改进的空间。后测要注意以下几个方面。

（1）测量方法。在后测阶段，选择与前测一致的测量方法。这可以实现直接的对比分析，以识别用户接触项目后的变化。用户可能会回答类似的问题，或者接受与前测相似的观察和记录方式，保持测量方法的一致性，以确保后测数据与前测数据的可比性。此外，后测的测量方法还应该考虑用户接触项目后可能产生的新变量和指标。总而言之，选择合适的测量方法并保持一致性对后测有效性和可比性的确保至关重要。这可以帮助研究者捕捉用户接触项目后的变化，为项目的改进和优化提供指导。

（2）后测执行。后测数据的收集是后测阶段的核心。选择与前测相同的收集方法，以确保数据的一致性和可比性。用户可能会与项目进行互动或回答问卷中的问题等，在此过程中要确保数据收集的准确性、完整性。此外，要保持与用户的沟通，以获得他们的反馈信息。

（3）数据分析。在后测阶段，对收集到的后测数据进行分析是关键的一步。将后测数据与前测数据进行对比，以识别用户接触项目后的变化。通过比较前后测的数据，可以分析用户的反应、行为和满意度的差异，这有助于深入了解项目对用户的影响，以及项目改进的方向。后测数据分析有助于识别用户接触项目后的变化，这可能涉及用户的知识水平、体验、满意度等方面，研究者可以探究用户接触项目后是否对项目有了更深入的理解。将后测数据与前测数据进行比较，帮助研究者发现这些变化的实质性依据。首先，对比分析是后测数据分析的核心部分，它将后测数据与前测数据进行对比，以确定用户接触项目后的变化，这可以通过比较不同时间点的平均值、百分比变化等方式来实现。对比分析可以帮助研究者发现用户接触项目后是否有显著的变化，以及这些变化的方向和程度。其次，趋势分析是对比分析的延伸，它可以帮助研究者识别用户接触项目后的变化趋势，这可以通过绘制趋势图、线性回归分析等方法来实现。趋势分析有助于预测用户未来的行为和反应，为项目的长期规划提供指导。最后，关联分析是探索用户数据之间关系的一种方法，可以帮助研究者发现不同变量之间的关联。例如，研究者可以分析用户的知识水平与满意度之间是否存在关联，或者用户的行为与体验是否有关。数据分析的结果应该被纳入项目改进和优化的决策中。通过深入了解用户的变化，研究者可以有针对性地调整项目的内容，以更好地满足用户的需求。

综上所述，在用户测试过程中，后测对项目影响情况和效果的评估至关重要。通过保证测量方法的一致性、后测数据的准确收集，以及对数据进行深入的分析，研究者可以更好地了解用户接触项目后的反应。这将为项目的优化和改进提供有价值的依据，以确保项目取得预期的效果。

3. 前测和后测的意义及其在 VR 文化旅游项目中的应用

前测和后测在用户测试中具有重要意义。通过对比分析前测和后测的数据，研究者可以了解项目对用户的影响情况，了解项目是否达到了预期的效果，看到用户接触项目后的变化。前测和后测的数据还可以为项目决策提供依据，如果后测结果显示项目的影响情况不如预期，开发人员可以根据数据做出相应的调整和决策。

前测和后测在 VR 文化旅游项目中扮演着重要角色，它们是用户测试过程中不可或缺的环节，旨在评估项目的影响情况、效果和用户体验。前测可以帮助研究者在项目进行之前了解用户的背景、期望和行为，为后续测试提供基础数据；后测则评估项目对游客的影响情况，为项目改进和优化提供数据支持。这两个阶段相辅相成，为项目的改进和优化提供了依据。

7.1.3　问卷调查

在用户调查中，问卷调查是收集用户反馈信息的重要方法之一。问卷调查能够为开发人员提供用户的基本反馈信息，从而更好地了解用户对项目的看法。在 VR 文化旅游或教育项目中，一般有两种类型的问卷。第一种是经典的用户体验问卷，常作为考察用户满意度的手段；第二种是知识类问卷，主要了解项目完成后用户能否从虚拟体验中获取知识。下面将对这两种问卷进行详细的分析。

用户体验调查表（user experience questionnaire, UEQ）是由 SAP 开发的一套定量分析用户体验的工具，旨在评估用户在使用产品和享受服务时的感受、印象和态度。该调查表通过用户回答问卷的形式，提供了量化的视角，展示了用户体验的不同方面，从而帮助开发人员更深入地了解用户对项目的整体感受。UEQ 的独特之处在于它将用户体验划分为多个维度，每个维度都涵盖不同的方面。这些维度可以涵盖项目的界面易用性、沉浸感、互动性、视觉效果等方面，从而为开发人员提供全面的用户反馈信息。另外，UEQ 一般在用户测试后向用户发放问卷，从而获得用户的使用体验信息。通过 UEQ，开发人员可以了解用户对项目的满意度以及在不同方面的反应。

UEQ 是一个综合性问卷，涵盖易用性和用户体验的多个方面。易用性方面有三个重要指标：高效（efficiency）、易懂（perspicuity）和可信赖（dependability）。与用户体验相关的指标也有三个：吸引度（attractiveness）、激励性（stimulation）和新鲜度（novelty）。这些指标共同构成了 UEQ 的维度，反映了用户体验的不同层面。每个指标都有对应的题目，用户根据自己的使用体验进行评分。这些题目涵盖不同的方面，从界面的清晰度到整体的吸引力，从用户的激励感到体验的新鲜度，从而全面反映用户在使用过程中的感受。

表 7-1 展示的 UEQ 包含 26 个题目，每个题目都是一个 7 分制量表。在这个量表中，最低分和最高分代表一对具有评价性质的反义词。用户需要根据自己在使用产品过程中某一方面的体验，从低到高进行评分。

表7-1　用户体验调查表指标细节

编号	左边评价	右边评价	编号	左边评价	右边评价
1	令人不快的	令人愉快的	13	复杂的	简单的
2	费解的	易懂的	14	不合意的	合意的

编号	左边评价	右边评价	编号	左边评价	右边评价
3	富有创造力的	平淡无奇的	15	可靠的	靠不住的
4	易学的	难学的	16	令人兴奋的	令人昏昏欲睡的
5	有价值的	低劣的	17	符合预期的	不符合期望的
6	乏味的	带劲的	18	低效的	高效的
7	无趣的	有趣的	19	一目了然的	令人眼花缭乱的
8	无法预测的	可预见的	20	不实用的	实用的
9	快的	慢的	21	井然有序的	杂乱无章的
10	独创的	俗套的	22	吸引人的	无吸引力的
11	妨碍的	支持性的	23	引起好感的	令人反感的
12	好的	差的	24	保守的	创新的

UEQ 的设计精心考虑了用户体验的多个维度，从易用性到吸引度，从高效到新鲜度，全面覆盖了用户在使用产品过程中可能产生的感受。通过用户对每个指标的评分，开发人员可以得到用户体验的全面反馈信息，以更好地了解用户的需求和偏好。UEQ 的应用为开发人员提供了一个定量的工具，可以帮助他们评估和改进项目。通过分析 UEQ 的结果，开发人员可以更好地了解用户对项目的感受，从而做出有针对性的优化，创造出满足用户需求的产品。

UEQ 在 VR 文化旅游项目的用户测试环节具有重要作用。作为一种定量评价方法，UEQ 能够为开发人员提供全面、客观的用户反馈信息，帮助他们深入了解用户体验，从而进行项目的改进和优化。

知识类问卷在 VR 文化旅游项目的用户测试环节扮演着重要角色。

与传统的用户体验问卷不同，知识类问卷的重点在于评估用户完成虚拟旅程后获得的文化知识和学习效果。在文化传播和教育类 VR 项目中，开发人员希望用户不仅能够获得娱乐体验，而且能够从中获得有价值的文化信息。

在设计知识类问卷时，开发人员需要从项目内容中归纳出关键的文化知识点。这种筛选过程可以将项目内容精炼为用户需要掌握的重要信息，帮助用户在体验中集中学习。同时，将这些知识点融入问卷中，帮助用户回顾和巩固所学内容。知识类问卷主要以选择题、判断题等形式，并针对项目内容中的关键要点进行提问，测试用户是否掌握了重要的文化信息。这种问卷设计有助于开发人员了解用户的学习效果。

由于知识类问卷涉及文化知识的传播，问卷的准确性和有效性尤为重要。开发人员需要确保问卷中的问题准确、清晰，并且能够准确评估用户的学习情况。通常问卷需要由专业人员审核，确保问题的正确性和问卷的合理性。这些专业人员包括领域专家、文化遗产保护者或教育专家，他们具有丰富的文化知识和评估问卷的经验。

在问卷的开发过程中，需要特别关注问题的设计。首先，问题应该清晰明了，避免使用模糊不清或容易引起歧义的词语。其次，问题的难度应该适中，既不过于简单，也不过于复杂。最后，问题的答案要正确，并且不会误导用户。

问卷的测试和修订是问卷开发过程中的关键环节。问卷设计完成后，需要进行小规模的测试，以评估问题的有效性。因此，不同于 UEQ，知识类问卷需要进行前测和后测。根据测试结果，开发人员可以对问卷进行修订，以确保问卷准确地评估用户的知识水平。修订后的问卷还需要再次测试，直到达到预期的准确性和有效性。

成功的问卷在前测阶段可以帮助开发人员了解用户接触项目前的知识水平，以及对文化主题的了解程度。后测阶段的问卷可以评估用户体验项目后的知识水平，从而衡量项目对用户知识水平的影响情况。

通过分析知识类问卷的回答，开发人员可以计算用户在文化知识方面的综合得分。这些得分可以反映用户在虚拟旅程中的学习效果，帮助开发人员了解项目对知识传播的影响情况。需要注意的是，知识类问卷的开发和设计需要遵循一系列严格的步骤，以确保问卷的准确性和有效性。这包括问题的准确性、答案的设计、测试和修订的过程，以及数据的收集和分析。通过评估用户的学习效果，归纳关键文化知识，并进行前测和后测，知识类问卷能帮助开发人员实现项目的知识传播目标，确保用户从虚拟体验中获得有益的文化知识。

7.1.4　用户访谈

尽管 UEQ 和知识类问卷在用户测试中起到了评估用户体验和学习效果的作用，但是它们仅提供了固定选项，无法涵盖用户更具体和个性化的反馈信息。在 VR 项目中，用户可能会有正面体验、负面体验及改进的想法，而这些方面在传统问卷中可能无法充分展现。因此，为了全面了解用户的观点和需求，部分 VR 项目需要借助访谈这一方法来深入了解用户的反馈意见。下面对无结构化访谈、半结构化访谈和结构化访谈进行详细分析（见表 7-2）。

表7-2　三种访谈模式的优劣分析

模式	自由度	预设问题	数据量化	适合的研究阶段
无结构化访谈	高	无	不可	前期
半结构化访谈	一般	有	不可（需要适当整理）	中期
结构化访谈	低	有	可	中期和后期

1. 无结构化访谈

无结构化访谈（unstructured interview）是一种自由开放式的对话方式，在这种访谈中，研究者与用户之间的交流并不受到固定问题和答案的限制。这种方法旨在让用户自由表达自己的想法，从而提供更深入和个性化的反馈信息。无结构化访谈在获取用户观点方面具有独特的优势，用户能以自己的方式表达想法，从而捕捉那些可能在标准化问卷中被忽视的细节。

无结构化访谈的特点如下：①自由与开放。在无结构化访谈中，研究者不会提前设定固定的问题或答案，而是以开放的态度进行对话，这让用户能够自由描述自己的体验和观点。②挖掘深入。无结构化访谈具有自由性，用户可以详细描述自己在虚拟体验中的感受，从而让开发人员更好地掌握用户的情感反应。③个性。无结构化访谈允许每位用户以其独特的角度表达意见，因此可以获得更多个性化的建议，这有助于发现不同用户之间的差异和共同点，为项目优化提供多样化的反馈信息。④细节捕捉。通过无结构化访谈，开发人员可以捕捉那些可能在问卷中遗漏的细节，这些细节包括用户在特定场景中的感觉、注意点、情感转变等，这些信息对项目的优化至关重要。

然而，无结构化访谈也可能带来以下问题：①主观性较强。由于访谈的开放性，不同用户的表达会因主观性而有所不同，这会增加数据分析的复杂性。②数据整理时间长。无结构化访谈产生的数据通常是非结构化的，且每次访谈都是独特的，因此需要长时间对数据进行整理和归纳，以便进行比较和分析。与标准化问卷相比，无结构化访谈可能需要更多的时间和人力资源。

2. 半结构化访谈

半结构化访谈（semi-structured interview）在一定程度上保留了开放式对话的特点，同时在访谈指导上具有一定的结构性。研究者会提出一些开放性问题，也会涉及特定的主题和议题。这种方法可以在一定程度上保证访谈的深入性，也确保了访谈内容与研究目标的一致性。这种方法将开放性问题与特定主题和议题相结合，旨在确保访谈的深入性和内容的一致性。

半结构化访谈的特点如下：①结构与自由的平衡。在半结构化访谈中，研究者会提前准备一些开放性问题，也会根据访谈情况进行灵活的调整和补充，这能够确保访谈内容不偏离研究目标，保证用户在某些主题上可以自由表达。②主题导向。虽然半结构化访谈具有一定的自由性，但是访谈指导会涉及特定的主题和议题，这有助于保证访谈内容围绕研究问题展开，以获得与研究目标相关的信息。③了解深入。由于半结构化访谈允许用户自由表达，研究者可以深入了解用户的观点，这有助于捕捉更多细节。④数据分析。虽然半结构化访谈涉及一定的结构性，但是数据分析需要对访谈记录进行整理和归纳，以提取有关用户体验的关键信息。

然而，半结构化访谈也存在一些问题：①准备工作繁杂。与无结构化访谈相比，半结构化访谈需要更多的准备工作，包括设计开放性问题、确定讨论主题等。②访谈方向难把握。在访谈过程中需要准确地管理讨论的方向和深度，以确保访谈内容不会偏离研究目标，并给予用户自由表达的空间。③数据处理时间长。半结构化访谈产生的数据相对较多，需要进行适当的整理和分类，以便进行后续的比较和分析。

3. 结构化访谈

结构化访谈（structured interview）是一种严格按照事先设定的问题和答案进行的访谈形式。这种方法在一些情况下可以用来获取特定类型的反馈信息，如特定功能的评估或满意度。结构化访谈的优势在于能够收集可量化的数据，但与开放式对话相比，它会限制用户的表达自由。

结构化访谈的特点如下：①预设问题。在结构化访谈中，研究者事先准备了一系列具体的问题，这些问题通常直接关联着研究问题，问题的答案通常包括预定义的选项，用户需要从中选择最符合他们体验的答案。②标准化。结构化访谈追求标准化的数据收集，通过为所有参与者提供相同的问题和答案，确保数据的一致性和可比性，这使研究者可以更方便地进行数据分析和结果比较。③可量化数据。结构化访谈使用预定义的问题和答案，可以对收集到的数据进行量化分析，并将其转化为统计数据，从而得出相对客观的结论。④适用范围。结构化访谈适用于那些需要获取特定信息、了解用户满意度或评估特定功能的情况，它适合在短时间内收集大量的一致性数据。⑤限制用户表达。在结构化访谈中，由于答案是预定义的，用户可能无法完全表达自己的观点。

然而，结构化访谈也存在一些问题：①主题范围较窄。结构化访谈的问题和答案是事先设定的，可能无法涵盖用户的所有观点，因此在某些情况下会忽略一些重要信息。②主观性较强。尽管结构化访谈的数据可以量化，但是答案的设置可能会影响用户的回答，从而影响数据的主观性和可信度。

综上所述，在 VR 项目中，用户访谈有以下几个方面的重要作用：①深入了解用户体验。通过用户访谈，开发人员可以深入了解用户在虚拟世界中的体验细节，包括他们的情感、情绪，以及体验中的亮点和问题。②获取个性化反馈信息。用户访谈可以帮助开发人员获取更具体和个性化的反馈信息，不仅包括正面体验和负面体验，而且涉及用户的想法和创意。③指导改进和优化。通过用户访谈，开发人员可以了解用户可能遇到的问题，从而优化项目，提升用户的满意度。④验证问卷结果。用户访谈可以用来验证问卷调查的结果，帮助开发人员从不同角度理解问卷数据。⑤建立用户关系。用户访谈可以帮助开发人员与用户沟通和互动，从而在项目优化过程中获得更多的反馈信息。

7.2　设计用户实验

在前面的章节中，笔者已经对对比实验法、前测和后测、问卷调查及用户访谈进行了全面的分析。根据上述理论，开发人员设计了 VR 红专厂项目的用户测试实验。下面将详细讨论如何设计实验流程、如何招募和划分实验组（用户），以及如何设计调查问卷。

7.2.1　设计实验流程

在设计实验流程时，要先明确实验的目标和研究问题，并确定要比较的变量，如不同版本的虚拟场景系统或不同用户群体。然后，根据实验目标，设计前测和后测的内容，以收集用户的初始状态信息和接触项目后的反馈信息。同时，确保实验流程保持一致，以避免额外因素的干扰。

开发人员的研究目标是通过对比阅读宣传册和 VR 体验的效果，验证 VR 项目的可行性。如图 7-1 所示，开发人员设计了一个完整的实验流程。在这个实验中，开发人员共招募了两个实验组，分别是 A 组和 B组。A 组使用 VR 设备进行 VR 红专厂的浏览体验，B 组通过阅读传统的宣传册了解红专厂。

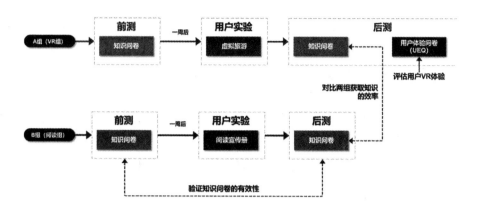

图 7-1　VR 项目的用户测试实验流程

在前测阶段，B 组被要求参与知识问卷的调查。为了消除用户在实验过程中对问卷的记忆影响，开发人员选择一周后进行用户实验。在用户实验阶段，B 组获得了一份红专厂的宣传册，其中包含红专厂概况、与知识问卷中问题相关的答案。B 组完成了对宣传册的阅读后，随即进行了后测，也就是完成了知识问卷的调查。通过分析 B 组的数据，开发人员能够初步评估知识问卷在收集用户学习数据方面的有效性。

验证了知识问卷的有效性之后，开发人员转向 A 组的实验设计。开发人员对 A 组进行前测知识问卷的调查，然后同样选择延迟一周进行实验，以避免用户在实验过程中受到问卷的记忆影响。在用户实验阶段，A 组被引导进入 VR 平台，开启浏览与互动的体验。虚拟环境中的文化内容与知识问卷中的答案相互关联，通过互动体验来强化学习效果。在后测阶段，A 组再次接受知识问卷的调查，同时他们将填写 UEQ。整个实验的主要目的是通过知识问卷客观评估参与者在虚拟探索中的知识获得情况，并比较不同实验组的学习效率。此外，通过收集 UEQ 的数据，开发人员还将深入了解参与者对 VR 体验的满意度。

通过这个实验设计，开发人员可以同时评估 VR 项目的学习效果和用户体验，从而更全面地了解项目的效果和潜力。根据前测数据和后测数据，开发人员能够量化地评估不同实验组在知识获取方面的变化，进一步验证 VR 文化旅游项目的知识传播效果。同时，UEQ 的使用将帮助开发人员了解用户对 VR 体验的满意度，从而为项目的优化提供指导。

7.2.2　招募和划分实验组

在实验中，招募合适的参与者是确保实验有效性和可靠性的关键。这涉及多个方面，包括确定实验的目标和要比较的变量、选择代表性的用户群体、确保参与者满足实验的要求。其中，确定实验的目标和要比较的变量非常重要，这有助于明确参与者的类型，以便在实验中产生有意义的数据。例如，如果正在研究一种医疗应用程序，需要招募患有特定疾病的人作参与者；如果研究目标是了解年轻人对某种消费品的反应，需要招募年龄为 18 ～ 30 岁的人作参与者；如果研究特定行业或领域，需要招募具有相关经验或知识的人作参与者。这可以通过多种方式进行，包括刊登广告、在线调查等，需要注意的是，必须使用适当的渠道来吸引符合要求的参与者。

由于红专厂位于广东省，开发人员主要在该地区进行用户招募。VR 文化项目的设计旨在吸引更多的青少年参与中华优秀传统文化的传播，因此该项目将青少年作为本次实验的主要对象。经过仔细筛选，开发人员成功邀请了来自广东地区的 30 名青少年参与实验，以评估 VR 系统设计的有效性。

为了保证实验结果的可靠性和有效性，开发人员在参与者的选择上非常谨慎，这些参与者在教育背景上拥有相似的特点，均为本科在读学生。同时，开发人员特意选择了没有任何红专厂参观经历的个体。选择具有类似背景特征的参与者，这样可以尽量减少实验组之间的差异，从而更好地评估项目对不同用户的影响情况。这个样本选择策略旨在确保开发人员得到的结果更具有代表性，能够更好地反映目标用户群体对 VR 文化项目的反应。

表 7-3 展示了用户详细信息。将参与者分成两组，每组 15 名。开发人员严格确保每组参与者的教育背景和男女比例保持一致，同时平均年龄尽可能接近。实验的主要目的是对比参与者通过 VR 设备与宣传册获得的体验。VR 设备与宣传册具有相同的文化内容，但呈现方式不同。在 A 组，参与者使用 Oculus Quest 2 等 VR 设备进行红专厂的探索；在 B 组，参与者通过传统的宣传册了解红专厂。每位参与者最多有 30 分钟的时间来进行探索。

表7-3　用户详细信息

详细信息	A 组	B 组
人数	15	15
教育背景	本科在读	本科在读
平均年龄	21.2	21.8
男女比例	8：7	8：7
实验媒介	VR 设备	宣传册

为了考虑参与者的语言偏好，开发人员为所有参与者提供了简体中文的阅读内容。完成探索后，所有参与者都需要填写调查问卷，以协助开发人员评估不同媒体形式下参与者探索的有效性。这一步的目的是深入了解参与者在实验过程中的反应，为进一步分析提供必要的数据支持。

通过对比实验法评估 VR 文化项目在不同媒体形式下的用户体验。通过精心的招募策略和实验设计，开发人员成功地吸引了广东地区的青少年，为项目的评估和优化提供了重要的数据支持。用户测试不仅为项目的成功提供了支持，而且为中华优秀传统文化传承创造了机会。

总的来看，招募合适的参与者和随机分组是科学实验的关键。这不仅有助于确保研究的可信度和有效性，而且能够使研究具有代表性，从而为科学实验奠定坚实的基础。

7.2.3　设计调查问卷

由于 UEQ 的问题和结构是固定的，开发人员无须为 UEQ 设计特定的问卷内容。开发人员的主要焦点是设计有效的知识问卷，以便评估用户在项目中学到的内容。设计知识问卷时，开发人员需要充分考虑文化传播的性质，并特意避免将其变成类似学术考试的形式，确保难度适中。不使用过于专业的术语，以基本概念为主，更好地满足受众的需求。这一决策可以确保知识问卷既能够准确衡量用户学到的知识，又能够让参与者感到舒适，从而提高问卷的有效性和可接受性。

知识问卷共包含 10 个单选题（见表 7-4）。单选题的设计力求一定的挑战性，但不能过于难，以提升用户的参与度。开发人员要避免使用过多的专业名词，采用通俗易懂的语言来呈现问题，使用户轻松地理解和回答，这样的设计有助于吸引更多的用户参与，从而获得更准确的反馈数据。

表7-4　知识问卷细节

红专厂	题型	问题细节
工厂历史	单选	红专厂建于哪个年代
	单选	红专厂地点在哪里
	单选	红专厂的建筑风格
	单选	红专厂第一任母公司的全称
	单选	红专厂有多少个车间

续　表

红专厂	题型	问题细节
	单选	创意园何时建成
	单选	创意园最知名的地标
创意园概况	单选	创意园的展览
	单选	创意园中产生的 IP 名称
	单选	创意园闭园时间

初步设计完问卷后，开发人员要与红专厂工作人员进行沟通，对问卷进行修改，以确保问卷内容的准确性和合理性。红专厂工作人员的专业意见对问卷的设计很重要，确保问卷的有效性和可靠性。为了进一步验证问卷的有效性，开发人员还计划分析实验 B 组的前测数据和后测数据，从而评估知识问卷能否在实际实验中准确地反映用户的学习效果。

问卷的每个问题为 1 分，因此表 7-3 的总分为 10 分。参与者填写完表格后，开发人员会收集他们的分数数据。例如，如果 10 名学生得分 8 分，10 名学生得分 4 分，每组 20 名学生，平均分为（10 × 8 + 10 × 4）÷ 20 = 6。

综上所述，对于文化传播项目，开发人员在设计知识问卷时需要兼顾用户友好性和有效性，避免使用过于复杂的术语。通过与专业人员的合作，以及前测、后测的验证，开发人员能够准确地评估用户在项目中获得的文化知识。这种设计方法有助于开发人员获得具有较高代表性和可信度的数据，为实验结果的准确可靠提供支持。

7.3　处理用户数据

在前面的章节中，笔者已经深入分析了实验流程设计、招募与实验组划分及调查问卷设计。根据实验计划，笔者已经成功地收集了大量的用户数据。下面将详细讨论如何处理知识问卷数据、如何处理 UEQ 数据，以及如何进行数据分析。

7.3.1　处理知识问卷数据

知识问卷是用来评估用户在实验过程中获得的文化知识的有效性的。开发人员将对问卷结果进行整理和统计，分析不同实验组在知识获取方面的差异。通过分析问题回答的正确率和变化趋势，开发人员可以初步判断 VR 探索和传统阅读两种情景下用户对文化知识的吸收效果。

1. 数据汇总和描述统计

数据汇总和描述统计是数据分析的关键步骤，旨在将实验数据整理好，以进行深入分析。

数据收集：收集来自实验组的原始数据。这可能涉及用户的回答、观察记录、测量结果等，团队需要确保数据的完整性和准确性，以获得可靠的分析结果。

数据整理：收集完数据后，对数据进行整理。这包括处理缺失值、删除异常值、将数据格式标准化等。整理后的数据应以易于分析的结构存在，如数据表格或数据集。

数据摘要：使用描述统计方法对数据进行摘要，以了解数据的基本特征。这包括计算数据的平均值、中位数、标准差、最小值、最大值等。

这些摘要统计量有助于理解数据的分布情况。

数据可视化：除了描述统计外，数据可视化也很重要。通过绘制直方图、箱线图、散点图等，直观地展示数据的分布和趋势。可视化有助于发现数据异常。

数据解释：数据汇总和描述统计完成后，解释结果。分析者应解释数据的含义，提供关于数据背后故事的见解，这有助于确保数据分析结果为后续的决策和行动提供有价值的信息。

数据汇总和描述统计是数据分析的起点，它们为后续的深入分析奠定了基础，这一过程有助于分析者更好地理解数据集，为后续的数据挖掘和洞察提供了关键信息。

2. 基本差异检验

获得数据的基本描述后，检验实验组之间是否存在显著差异。在检验基本差异之前，需要选择适当的统计检验方法，这通常取决于数据类型和研究问题。例如，如果比较两个实验组的平均值是否有显著差异，可以使用 $t-$ 检验；如果比较多个实验组之间的差异，使用方差分析（analysis of variance）；如果分析分类数据，使用卡方检验。在进行检验之前，需要明确零假设和备择假设。零假设是实验组之间没有显著差异，备择假设则是实验组之间存在显著差异。这些假设的设置将指导开发人员进行统计检验。然后根据选择的检验方法，计算出相应的统计值。例如，在 $t-$ 检验中，计算 t 统计值。检验基本差异是数据分析的关键步骤之一，它能帮助开发人员确定实验组之间是否存在显著的差异，从而深入理解问题的答案。选择合适的检验方法、设置假设、计算统计值、确定显著性水平、进行检验、解释结果是这一过程的关键步骤。

3. 验证分析确认

检验出实验组之间的基本差异后，可以进行进一步的验证分析，使用更复杂的统计技术来验证假设。如果涉及多个实验组，方差分析是一种有用的工具。它允许研究者比较多个实验组之间的差异，并确定哪些实验组之间存在显著差异。例如，如果研究不同教育水平对学习成绩的影响情况，研究者可以使用方差分析来确定不同教育水平组之间是否存在显著的平均分差异。回归分析也是一种用来探索变量之间关系的方法，它可以帮助研究者明确哪些因素对现象或结果解释最具预测性。除此之外，相关分析还可用来研究两个或多个变量之间的关系。通过计算相关系数，研究者可以确定变量之间的相关程度。例如，研究者可以使用相关分析来探索用户满意度与产品特征之间的关系。确认验证分析的结果，包括统计检验的结果、相关系数、因子载荷、聚类图等。这有助于其他人员理解研究结果。通过验证分析，可以更深入地挖掘数据，验证假设。

4.结果的可解释性和意义

数据分析的关键之一是解释结果的意义。在数据分析中，常常会进行统计检验，以确定结果是否具有统计显著性。这通常以 P 值的形式呈现，P 值小于某个显著性水平（通常是 0.05）时，则被认为具有统计显著性。然而，仅仅明确 P 值是否具有统计显著性是不够的，研究者应该讨论它对研究问题的重要性。除了统计显著性外，研究者还需要评估结果的实际意义，即结果是否在实际应用中有意义和影响，研究结果通常在实际应用中有意义，可以影响实践活动。另外，解释结果的实际应用意义是将结果从实验室应用于现实世界的关键步骤，这包括讨论结果对特定行业、领域或社会的潜在影响。统计结果可能会受到抽样误差、方法选择、测量误差等因素的影响。因此，研究者应该讨论结果的不确定性，并提供置信区间或可信度间隔。总而言之，探讨结果的可解释性和意义在数据分析中不可或缺。这有助于确保结果对相关领域产生重要影响，并为决策者、从业者和公众提供有价值的信息。

5. 结论和进一步研究

在结论部分，研究者需要清晰、简明地总结自己的主要发现，并确保这些发现直接回答了问题或假设。此外，强调这些发现的重要性和实际意义，讨论其可能对领域、行业或社会产生的影响，以及如何填补知识缺口。在进一步研究部分，研究者可以提出更多的研究问题或方向。这些问题可以是基于当前结果的，也可以涉及相关领域的研究方法。此外，讨论如何填补当前领域中的知识缺口，提出改进建议，或者鼓励跨学科研究，以拓宽研究的范围。扩展数据集或样本，以提升结果的代表性和可靠性。综上所述，结论和进一步研究部分不仅总结了当前的成果，而且为未来研究提供了方向和建议。这两个部分共同推动着知识不断发展。

表 7-5 展示了红专厂 VR 项目中，A 组和 B 组的前测原始数据分布情况，表 7-6 则呈现了 A 组和 B 组的后测原始数据分布情况。开发人员根据这些原始数据，归纳出了 A 组和 B 组在知识测试得分方面的平均数和中位数（见表 7-7）。

表7-5　前测的用户得分分布

组别	1分	2分	3分	4分
A 组	1	7	4	3
B 组	2	5	7	1

表7-6　后测的用户得分分布

组别	5分	6分	7分	8分	9分
A 组	2	3	6	3	1
B 组	3	8	3	1	0

表7-7　知识问卷的前、后测得分数据统计

阶段	统计指标	A 组	B 组
前测	平均数	2.6	2.47
	中位数	2	2
后测	平均数	6.87	6.13
	中位数	7	6

在前测阶段，数据显示，A 组和 B 组的中位数得分均为 2 分。具体而言，A 组的平均分为 2.6 分，B 组的平均分为 2.47 分。除检验平均数和中位数外，还需要考虑使用 P 值（P-value）来分析两组间的样本均值差。利用统计软件对数值进行分析，在前测中，A 组和 B 组之间的 P 值为 0.6788，这表明两组参与者在前测的得分差异非常不显著，因此他们对红专厂相关知识的了解相似且背景相近。

值得关注的是 B 组在后测阶段的表现。B 组的平均分显著提高至 6.13 分，较前测阶段增长了 148.18%。这表明 B 组参与者通过阅读宣传册增长了有关红专厂的文化知识。通过这一验证，开发人员得以继续进行 A 组的实验，参与者将填写知识问卷和 UEQ。

A 组的所有参与者都成功地完成了实验，在 VR 环境中进行了红专厂的探索。其中，有 3 名参与者在实验过程中需要额外的控制教程来帮助他们适应 VR 环境。与 B 组相比，A 组的参与者在实验过程中花费了更长的时间，增加了 47.51% 的体验时间。

实验的数据揭示了两个显著的趋势。首先，在 A 组的后测阶段，平均得分为 6.87 分，较前测阶段提升了 164.23%。其次，中位数分数显著增加了 250%。这表明 A 组参与者在虚拟环境中的探索中取得了显著的学习效果。

实验结果清楚地显示出 A 组参与者在 VR 环境中的学习效果显著提高，表明了 VR 设备在文化知识传播方面的有效性。同时，通过对比 A 组和 B 组的数据，开发人员可以更好地理解不同媒体对用户学习效果的影响情况。这些发现为开发人员深入了解 VR 在文化传播中的作用提供了有力的支持，也为项目的进一步优化和发展提供了有价值的信息。

综上所述，用户测试需要遵循一个基本的数据分析流程准则。这一流程是研究的关键，有助于揭示实验组之间的差异、验证研究假设，并为进一步的研究提供支持。开发人员应更深入地探讨这个数据分析的基本流程，并探讨如何进一步应用它，以提升结果的可靠性和科学性。

7.3.2　处理 UEQ 数据

成功获取了知识问卷的数据后，开发人员发现虚拟体验能够更有效地帮助用户获取更多的文化知识。虽然开发人员已经获得了这一重要发现，但是仍然需要更深入地了解虚拟体验在哪些方面具有优势，以及是否存在一些潜在的劣势。为了满足这一需求，开发人员在后测阶段安排了 A 组用户填写 UEQ，以获取他们在用户体验方面的反馈信息。

通过 UEQ，开发人员可以将用户体验量化，并且与其他组的数据进行对比分析，从而获得更准确的结论。这有助于深入挖掘 VR 技术在文化传播中的潜力，为进一步的研究和应用提供实质性的支持和指导，帮助开发人员全面了解虚拟现实体验的优劣，从而为未来的项目发展提供有益的建议。

在 UEQ 的数据分析中，研究者应关注平均数和中位数，以把握主要数据趋势。接下来，需要详细研究用户的"极好"或"极差"等极端评价，并进行方差分析。方差是用来衡量随机变量或一组数据离散程度的统计量，它表现了数据的波动程度，方差越小，数据越稳定。通过方差分析，可以深入了解用户评价的离散度，进一步细化对用户体验的理解，包括用户评价的变化情况。

在表 7-8 中，UEQ 的各项指标的平均数和中位数均呈现出正面信号，这表明 A 组用户在整体上对虚拟现实体验持有积极态度。在对比中，开发人员发现两个指标（"快的"和"复杂的"）的中位数分数处于中性范畴。这为研究者提供了深入分析的机会，以便更好地理解用户在这两个方面的体验感受。"复杂的"方面的方差最高，达到 3.1；"快的"则为 1.1。这意味着用户对 VR 项目的操作难度评价存在较大差异，这可能与用户的技术经验、熟悉度及操作习惯有关。这一发现提示开发人员在设计虚拟体验项目时应关注用户友好性和易操作性，以确保用户能够轻松地参与其中。此外，虚拟旅程的游览速度可能对某些年轻用户而言过于缓慢，这与他们的生活节奏和注意力特点有关。针对这一问题，开发人员可以考虑在设计中提供不同的游览速度，以满足不同用户的需求。在"吸引人的""好的""创新的"和"支持性的"这四个指标方面，无论平均数还是中位数，用户的反馈都呈现出积极的趋势，且方差波动较低，方差分别为 0.7、0.7、0.7 和 1.7，这表明虚拟现实项目在这些方面表现出色，能够吸引用户的注意，提供令用户满意的体验，具有创新性，并为用户提供了充分的支持。

表7-8　UEQ的用户体验数据

编号	平均数	中位数	方差	左边评价	右边评价
1	5.4	5	0.8	令人不快的	令人愉快的
2	5.1	6	1.8	费解的	易懂的
3	2.9	3	2.2	富有创造力的	平淡无奇的
4	3.4	3	2.4	易学的	难学的

编号	平均数	中位数	方差	左边评价	右边评价
5	2.3	2	1.2	有价值的	低劣的
6	4.7	5	1.5	乏味的	带劲的
7	5.1	5	1.7	无趣的	有趣的
8	4.7	5	2.3	无法预测的	可预见的
9	3.5	4	1.1	快的	慢的
10	2.6	3	0.8	独创的	俗套的
11	5.5	6	1.7	妨碍的	支持性的
12	2.1	2	0.7	好的	差的
13	4.1	4	3.1	复杂的	简单的
14	5.5	5	1.4	不合意的	合意的
15	2.9	3	1.6	可靠的	靠不住的
16	2.6	3	1.4	令人兴奋的	令人昏昏欲睡的
17	2.7	3	1.9	符合预期的	不符合期望的
18	5.6	5	0.7	低效的	高效的
19	3.0	3	2.1	一目了然的	令人眼花缭乱的
20	5.3	5	1.7	不实用的	实用的

续　表

编号	平均数	中位数	方差	左边评价	右边评价
21	2.8	2	2.2	井然有序的	杂乱无章的
22	2.0	2	0.7	吸引人的	无吸引力的
23	2.5	2	0.9	引起好感的	令人反感的
24	6.1	6	0.7	保守的	创新的

通过分析 UEQ，开发人员深入了解了 A 组用户在虚拟现实项目中的感受，发现了其潜在的改进点。这些宝贵的发现将有助于开发人员进一步优化项目，提升用户体验，并为虚拟现实在文化传播领域的应用提供更有针对性的指导。这种系统的用户反馈分析有助于不断改进和完善虚拟现实项目，以满足用户的需求，增强文化传播的效果。

7.3.3　数据分析

对收集到的数据进行初步整理后，研究者不仅应该专注分析 VR 项目的成功方面，而且需要认真思考那些负面反馈。

负面反馈在用户测试中扮演着非常重要的角色，它们通常揭示了项目的潜在问题和改进点。首先，面对负面反馈时，开发人员不应该认为 VR 项目失败。通过仔细研究负面反馈，开发人员可以了解用户在哪些方面感到不满意或困惑，从而有针对性地进行改进。其次，负面反馈可以帮助开发人员更好地了解用户的期望和需求，如用户的不满可能源自他们的期望没有得到满足，或者项目没有充分考虑他们的需求，通过深入分析负面反馈，开发人员可以更好地理解用户的预期，并在项目中做出相应调整。最后，负面反馈可以帮助开发人员识别项目中的潜在问题。

这些问题可能涉及技术的挑战、用户界面的不友好设计、内容不吸引人等方面。通过及时解决这些问题，开发人员可以提高项目的质量，增强用户的满意度，从而更好地满足他们的需求。更重要的是，要认真对待负面反馈，并加以改进。这有助于提升用户的忠诚度，使他们愿意继续使用项目并提供有价值的反馈信息。因此，将负面反馈视为改进的机会，这是 VR 项目成功和持续发展的关键。

在 VR 红专厂的项目中，开发人员通过详细分析收集到的用户测试数据，获得了令人信服的证据，进一步发挥了虚拟旅游在促进文化知识传播方面的作用。与传统的阅读方法相比，虚拟导览在多个方面都取得了显著的优势，为游客提供了身临其境的体验。特别是在"吸引人的""好的""创新的"和"支持性的"方面，用户测试结果展示了虚拟旅游的出色表现。

数据分析结果也强烈支持了虚拟旅游在保护和展示文化遗产方面的潜力。虚拟游览借助 VR 技术，将游客带入虚拟的、重现的现实，让他们亲身感受历史和文化的魅力。这对那些无法亲临实地的游客或者无法重现原貌的观光地点来说具有重要意义。

尽管虚拟旅游在促进文化传播和旅游体验方面具有积极的作用，但是虚拟旅游存在一些弱点。首先，虚拟导览在多数情况下表现出色，但仍然有一些参与者在探索过程中遇到了控制障碍，需要额外的教程。这也体现在"复杂的"指标上，其值显示出中性结果。用户界面设计方面仍有改进的空间，可以为用户提供更加直观和易操作的控制模式，使所有用户都能够顺利参与虚拟旅游。其次，虚拟导览的沉浸性导致探索时间较长。与传统的阅读相比，虚拟旅游通常需要更多的时间来探索内容，这会让一些参与者感觉探索进度较慢。这个问题在年轻用户中尤为明显，他们倾向追求更快节奏的体验。这也是 UEQ 数据中"快的"指标体现出的现象。

UEQ 的数据分析结果揭示了一些技术和用户体验方面的限制，需要不断改进。特别是在"快的"和"复杂的"这两个指标上，用户的反馈提示项目在技术性能和用户操作的便捷性方面还有进步的空间。这意味着开发人员要继续投入研发，提升 VR 系统的性能和用户友好性，以提供更加流畅、高效且易操作的体验。

综上所述，通过深入分析数据，开发人员能够更好地理解这些限制，并在未来的项目设计中进行针对性的改进。用户测试是发现问题、优化项目的方法之一。通过认真对待负面反馈，开发人员可以不断提升项目的质量。在用户测试的过程中，建立开放的反馈渠道是非常重要的，这有助于开发人员不断完善项目，满足用户的需求。

第 8 章　文化旅游新模式：元宇宙文化旅游

VR 技术是元宇宙的基石，为用户的沉浸式体验提供了保障。元宇宙超越了传统虚拟现实，将多种技术和体验融合在一起。通过元宇宙，用户可以在虚拟世界中进行更广泛的互动、探索和社交，进一步强化了数字化体验的多样性和复杂性。本章将围绕元宇宙，探讨它与 VR 技术之间的关系，结合目前 VR 文化旅游产业存在的问题，分析如何将元宇宙概念融入文化旅游，以构建元宇宙与文化旅游结合的新格局，从而带给游客更具互动性、沉浸性的旅游体验。

8.1 元宇宙概述

元宇宙作为 2020 年以来全球范围内备受关注和热议的商业概念，引发了人们对其本质的思考。VR 技术是元宇宙的基石，它为用户创造了身临其境的数字化体验。然而，元宇宙不局限于 VR 技术，它还包括 AR、MR 等技术，以实现更加多样化的数字化交互，创建一个多层次、多维度的数字生态系统。在这个背景下，探讨元宇宙的定义、特征，以及元宇宙与 VR 技术之间的关系。

8.1.1 元宇宙的定义

元宇宙（metaverse）是一个综合性概念，它描述了一个虚拟和数字化的多维度世界，与现实世界相互交织。它不仅是 VR 技术的扩展，而且是一个综合性的数字生态系统，融合了 VR、AR、MR、AI、区块链等前沿技术，可应用于社交互动、电子商务、教育、娱乐等方面，目标是创造一个虚拟的、可互动的、广阔的数字世界。

元宇宙的概念源于科幻文学，如尼尔·斯蒂芬森（Neal Stephenson）的小说《雪崩》（*Snow Crash*）和欧内斯特·克莱恩（Ernest Cline）的小说《头号玩家》（*Ready Player One*）中的虚拟社交世界的概念，而这个概念如今已成为科技界和商界的热门话题。在元宇宙中，用户不再是单纯的信息接收者，而是创造者和参与者，他们可以通过虚拟形象在元宇宙中表现自己，与其他用户进行交流，一起创作内容，甚至参与虚拟经济活动。

元宇宙具有高度的虚拟性和互动性，它通过虚拟世界的模拟，为用户提供了更广阔的想象空间和探索领域。虚拟世界可能是一个高度的仿真世界，也可能是一个完全超越现实的奇幻世界，抑或是一个与现实世界类似但存在差异的平行世界。在虚拟世界中，用户可以自由探索、社交互动、创造内容，甚至开展商业活动，参与经济交易。

元宇宙的演进与数据的关系不可忽视。在元宇宙中，个人和企业创造、分享和交易的数字内容都将被记录、存储和管理。然而，这也带来了隐私、数据安全、数字资产管理等方面的问题，这些问题具有复杂性，需要在元宇宙的构建过程中加以解决。区块链可以解决这些问题，它是建立元宇宙中去中心化数据管理和交易平台的技术之一，为用户提供了更多的控制权，确保了数据安全。

区块链的核心特性是去中心化，它允许数据以分布式的方式存储和管理，避免了单一中心机构对数据的掌控。在元宇宙中，数据的去中心化管理可以确保数据的安全性和隐私性，使个人更好地控制自己的数据，可以选择何时共享、何时保留，从而降低了数据泄露的风险。企业也可以通过区块链建立更加透明和可信赖的数字资产管理系统，保护用户的权益。此外，区块链的不可篡改性和可追溯性也为数字资产在元宇宙中的交易提供了保障。每笔交易都会被记录在区块链上，并且无法被篡改，从而保证了交易的透明度和可信度。这对虚拟经济和虚拟资产的发展具有重要意义，用户可以更加安全地进行数字资产的交易和管理。元宇宙的数据驱动性质使其成为信息交流和共享的理想平台。

尽管元宇宙的概念引人遐想，但是要想构建一个真正完整的元宇宙仍然面临技术、法律、伦理等方面的挑战。VR 技术和 AR 技术需要进一步发展，以使虚拟世界更加逼真、交互更加自然。与此同时，数据隐私、数字版权、虚拟经济等方面的法律和伦理问题需要得到解决。此外，元宇宙的开发需要不同领域合作，以建立一个真正多元化和繁荣的数字生态系统。

总之，元宇宙代表一个全新的数字化世界，它融合了各种前沿技术，创造了一个丰富多彩的虚拟世界，为用户提供了更广阔的探索空间和互动空间。

8.1.2 元宇宙的特征

元宇宙作为数字时代的新兴概念，呈现出一系列引人注目的特征，这些特征共同构筑了一个充满活力的数字化生态系统。图 8-1 展示了元宇宙的六个特征：虚拟与现实交融、数字资产和内容创造、开放与合作、数据驱动与区块链应用、多样性、创新与发展。下面将深入探讨元宇宙的这六个特征。

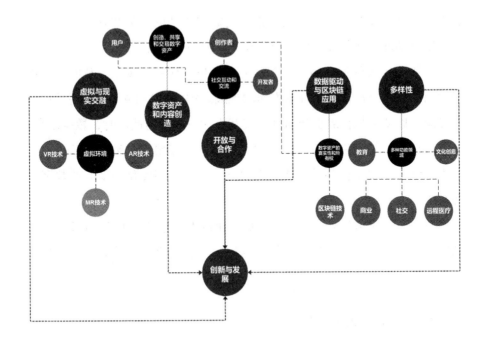

图 8-1　元宇宙的特征示意图

1. 虚拟与现实交融

元宇宙突破了虚拟与现实之间的边界，将 VR、AR、MR 等技术融合，创造出一个充满沉浸性和互动性的数字世界。用户可以沉浸在虚拟的场景中，身临其境地体验极限运动、探索奇幻景观等。用户仿佛真正置身于现实世界，大大增强了数字体验的真实感和沉浸感。此外，还可以在现实场景中插入虚拟内容，使用户在现实世界中与虚拟物体进行互动。

2. 数字资产和内容创造

元宇宙提供了创作者和用户创造、共享和交易数字资产的平台。虚拟物品、数字音乐、数字电影等数字内容在元宇宙中成了有价值的资产。这些数字资产的创造和交易构建了元宇宙的生态系统。创作者可以在元宇宙中创造各种数字资产，包括虚拟房屋、虚拟服装、虚拟道具、虚拟角色等。通过 XR 技术，这些数字资产会以新的方式呈现给用户，从而打造全新的数字艺术和体验形式。创作者可以通过元宇宙将自己的作品分享给用户，并与用户互动，甚至通过交易获得经济回报。对用户来说，元宇宙也成了一个数字内容创作和交流的平台。用户可以通过自己的创造力和想象力在虚拟环境中进行创作，创造出个性化的虚拟物品、角色和场景。此外，用户还可以与其他创作者合作，共同创作虚拟世界中的内容，从而构建一个多元化的数字创作社区。总而言之，数字资产和内容创造是元宇宙的一个关键特征，它为创作者和用户创造了一个多样性、互动性的创作和交流平台。在元宇宙中，各种数字资产都成了有价值的资产，从而激发了创作者和用户的创作热情，丰富了数字体验的内容和形式。

3. 开放与合作

元宇宙强调开放性和合作性，鼓励不同个体之间合作、交流。创作者、开发者和用户可以共同参与内容创作、应用开发及社交互动。在元宇宙中，创作者和开发者可以自由地分享自己的创作，使其广泛传播。这种开放的态度促进了创新和创造力的释放，使得元宇宙充满了多样化的内容。不同领域的专业人士可以通过合作和交流，将各自的专业知识和技能融合在一起，为用户提供更好的数字体验。此外，元宇宙的合作性也体现在用户之间的互动和交流中。用户可以在虚拟环境中与其他用户进行互动、交流和合作，获得多样化的虚拟体验。这种社交不仅丰富了用户的数字体验，而且加强了社区的凝聚力。总而言之，开放和合作的特征不仅促进了数字内容的创作和传播，而且促进了技术的进步和创新。开放的平台和合作的精神为不同领域的专业人士提供了交流和合作的机会，推动了技术的跨界融合。

4. 数据驱动与区块链应用

元宇宙中的各种交互不仅产生了丰富的数字内容，而且积累了大量的数据。这些数据不仅包括用户的行为和偏好，而且涉及数字资产的创作和交易历史等。在元宇宙中，数据被视为宝贵的资源，通过分析和应用这些数据，可以深入了解用户需求、优化内容创作，也可以帮助创作者和开发者更好地理解用户的反馈信息，从而调整内容，提升用户满意度。与此同时，为了确保元宇宙中数据的安全性、隐私性和透明性，区块链被广泛应用。区块链是一种去中心化的分布式账本技术，它记录了一系列不可篡改的交易数据。在元宇宙中，区块链可以用来确保数字资产的真实性和所有权，避免盗版和侵权问题。区块链还可以为用户提供更多的数据控制权，使用户更好地管理自己的数据并决定是否分享给其他人。区块链的应用也可以构建去中心化的数据管理平台，使数据的流通更加透明和安全。这种去中心化的架构可以减少单一机构的控制权，防止数据垄断和滥用。

5. 多样性

元宇宙不仅是一个娱乐平台，而且包括多种功能领域，如教育、商业、医疗等。用户可以在元宇宙中体验虚拟学习、数字艺术展览、虚拟旅游等多样性的活动，拓展了数字体验的边界。在教育领域，教育者通过虚拟仿真实验和互动式教育内容，可以为学生创造更具吸引力和沉浸感的教学内容，帮助学生理解和掌握知识。在商业领域，元宇宙为企业提供了全新的互动方式和展示方式。商家可以在虚拟环境中搭建虚拟商店，为用户展示商品。在医疗领域，元宇宙也得到了广泛应用。VR技术可以用于病人的康复训练和治疗，提供更具互动性和趣味性的康复环境。虚拟仿真的远程医疗可以用来模拟医疗操作，帮助医生进行培训。总而言之，元宇宙的多样性特征使其成为一个涵盖多个领域和功能的数字世界。无论教育、商业还是医疗，元宇宙都为用户提供了全新的体验方式和互动机会。这种多样性使元宇宙更加丰富和有趣，满足了不同用户的需求，为数字体验带来了更多可能性。

6. 创新与发展

元宇宙的发展不仅促进了科技创新，而且影响了现实世界。元宇宙作为一个多层次的数字生态系统，不仅为科技创新提供了平台，而且引发了不同领域的变革与进步，从而对整个数字化社会产生了深远的影响。在元宇宙中，科技得到了创新。VR、AR、AI等技术的融合与交叉，为元宇宙的多样性提供了技术支持。例如，VR技术在医疗领域的应用已经取得了显著成果，如虚拟手术培训、康复训练等，将医学教育提升到一个新的层次。元宇宙的发展也引发了现实世界的变革。在商业领域，元宇宙的数字化商店、虚拟购物平台等创新模式改变了传统零售业态，引领了新的商业模式。另外，元宇宙也提供了新的社交方式，使人们可以在虚拟空间中建立联系，推动了社交行为的数字化发展。

8.1.3　元宇宙与 VR 技术之间的关系

在元宇宙的架构中，VR技术扮演着重要角色，为元宇宙的发展提供了强大的技术支持。下面将深入讨论元宇宙与VR技术之间的关系。

首先，VR技术作为元宇宙的一部分，为用户提供了沉浸式的体验。通过VR技术，用户可以完全融入虚拟环境中，仿佛置身于一个全新的世界之中。这种沉浸式的体验使用户能够感受到虚拟世界的细节和情感。戴上VR头盔显示器，用户的感官会被完全包围，视觉、听觉等感知会逐渐融入虚拟环境之中。这种强烈的身临其境感能使用户产生情感共鸣，更加深入地探索元宇宙中的虚拟场景。这种沉浸式的体验对元宇宙的发展至关重要，它能使用户忘记现实世界的束缚，全身心地投入虚拟世界中。无论是虚拟旅游、虚拟学习，还是虚拟社交，用户都能够以全新的方式去体验。VR 技术的进步使这种沉浸式体验更加真实。

其次，VR 技术提升了元宇宙的互动性，能使用户与虚拟环境中的对象和其他用户进行实时互动。手势识别技术、眼动追踪技术赋予了用户通过身体动作、视线等方式与虚拟世界进行直接互动的能力。在元宇宙中，用户可以通过 VR 技术模拟真实世界的交互方式，与虚拟环境中的物体进行互动，如触摸、拖动、旋转等。这不仅能增强用户对虚拟环境的掌控感，而且能使用户更深入地探索元宇宙的虚拟世界。此外，VR 技术也为元宇宙中的社交带来了新的方式。用户可以在虚拟环境中创建虚拟形象，与其他用户进行面对面的互动、交流和合作。通过动作、表情等，用户能够更加直观地表达情感和意图，使得虚拟世界中的社交更加真实和丰富。这种虚拟社交不仅给用户带来了全新的社交体验，而且为企业提供了虚拟展示等商务应用的机会。

最后，VR 技术可以作为元宇宙中内容创作和呈现的技术支撑。借助 VR 技术，创作者能够创作逼真的虚拟场景、角色和物体，为元宇宙注入丰富的内容。这种技术的应用使用户在虚拟世界中的体验更具有真实感和沉浸感。创作者可以借助 VR 技术创作精美的虚拟艺术品等。他们可以在虚拟环境中塑造细致入微的虚拟角色，构建令人惊叹的虚拟景观。通过 VR 创作工具，创作者可以更加直观地进行创作和编辑，将他们的创意转化为虚拟物品。对用户来说，VR 技术为他们提供了与数字内容互动的全新方式。戴上 VR 头盔显示器，用户可以沉浸在创作者所创造的虚拟世界中，近距离观察、探索和体验其中的内容。无论是参观虚拟艺术展，还是参与虚拟游戏，用户都能够感受到内容的真实性。

8.2　当前 VR 文化旅游产业存在的问题

尽管 VR 技术已经取得了显著的进步，但是仍然存在一些问题。其中一个问题是人体感知的局限性，它对虚拟体验产生了一定的限制。例如，佩戴 VR 头盔显示器时用户可能会感到不适，而设备的体积和重量会造成不便。此外，虚拟环境的交互性和逼真性仍需要进一步提升，目前用户在体验中难以获得完全真实的沉浸感。用户在虚拟环境中的身体移动也受到一定的限制，这会降低其体验的自由性和真实性。

8.2.1　操控难易度

操控难易度是指用户在虚拟环境中进行操作和交互的难易程度。通过分析用户测试数据可知，VR 项目的操控难易度会对用户体验产生较大影响。根据调研结果，不同的 VR 设备配备了各式各样的控制器，形态多样。图 8-2 展示了近十年来 VR 设备控制器的变化。初代 VR 产品使用传统的游戏手柄作为操控工具，这种方式对一些游戏用户来说比较熟悉。HTC Vive 等产品使用支持体感操控的控制器，使用户可以更加自然地与虚拟环境互动，但需要一定的适应时间。随着技术的不断发展，Oculus Quest 2、Value Index 等产品使用了具有手势捕捉功能的指戴式输入设备。这些设备允许用户通过手势动作来操控虚拟环境，使互动更加直观。这一变化带来了更高的操控难度，用户需要适应新的方式来与虚拟世界互动。全新的 MR 产品（如 HoloLens 和 Vision Pro）不需要使用控制器，通过手势进行交互。这种无须额外携带控制器的交互方式为用户提供了更大的自由度，但也带来了新的挑战，用户需要习惯不依赖传统控制器的交互方式。

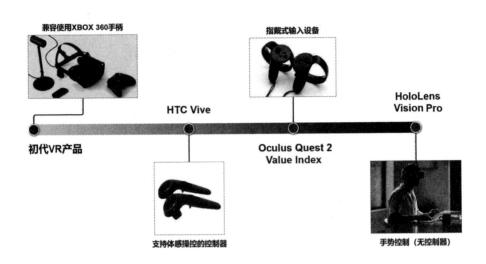

图 8-2　VR 控制器的发展历史

　　不同 VR 产品的控制器演变，以及传统控制器到手势捕捉的过渡，都对用户的操控难易度产生了影响。当前的 VR 产品拥有不同的输入设备，而不同的输入设备在控制方式和体感技术的应用上存在很大的差异，用户在使用不同类型的控制器时会有不同的交互体验。用户对不同控制器的反应和适应速度也存在差异。这些不同的控制方式和设备类型会使用户在使用初期遇到适应难题，特别是没有接触过这些技术和设备的用户，他们可能需要一段时间来掌握设备的操作方式。这会使用户在初次使用时感到困惑或不便，从而影响他们的整体体验。这种情况对那些初次接触虚拟现实的用户来说尤为突出，他们需要同时适应虚拟环境和陌生的交互方式。

　　操控难易度的问题在虚拟旅游和娱乐应用中尤为明显。用户可能需要使用控制器与虚拟对象互动或执行特定任务。因此，如果控制方式复杂或不直观，会降低用户的投入度和参与度。这也解释了为什么一些用户在有关虚拟旅游应用的反馈中会提到操控难易度的问题，这也是 VR

技术发展的一大障碍。为了改善这一局面，下面列出两个解决方案。

第一，提供友好的用户教程和指导。开发人员需要针对不同的 VR 控制模式设计完整的教程，并提供指导，帮助用户更快地适应设备。完整教程的设计需要开发人员投入额外的时间和资源，以确保用户顺利掌握设备的操作方式和交互技巧。这可能包括编写详细的用户手册、制作视频教程、设计交互式演示内容等。同时，为了满足不同的用户需求，教程要具有多样化和个性化的特点。虽然这样的方法可以帮助用户更快地适应设备，但是在一定程度上增加了开发成本。尽管如此，适当的时间和资源投入仍然是值得的。这有助于缩减用户的适应期，提高用户整体满意度。

第二，提供业界一致的交互标准。降低操控难度的责任不只在项目开发人员，VR 技术和设备制造商也需要承担相应的责任。标准化控制方式和体感技术是一个重要的方向，这可以使用户在不同的设备上获得尽可能一致的交互体验。如果不同的设备都能遵循统一的交互标准，用户就可以在使用不同设备时更加得心应手。统一的交互标准有助于减轻开发者的工作负担，使他们专注地开发适用于多个设备的交互界面。需要注意的是，统一的交互标准也可能面临一些挑战。不同的设备有不同的硬件限制和技术特点，因此在制定统一的交互标准时需要兼顾各种情况。

8.2.2 画面质量

VR 技术除了存在操控难易度问题外，还存在画面质量问题。画面质量在 XR 设备的发展中一直是一个焦点，用户希望在虚拟或增强现实环境中获得高质量的视觉体验。作为日常使用的数码产品，XR 设备需要提供清晰、逼真的图像，以满足用户的需求。这就涉及分辨率、帧率、显示技术等方面的挑战。

随着 VR 技术的发展，VR 领域也提出了自己的应用标准，以确保

Web 应用在 VR 设备上能够顺畅运行。支持 Web XR 标准，开发人员能够创建适用各种 XR 设备的 Web 应用。标准化有助于推动 XR 应用的发展，让用户在 XR 设备上轻松访问各种在线内容，这是 XR 产品普及化的重要一环。

Web XR 是一项基于 WebGL 图形标准的技术，用来在网络上渲染 3D 内容。这一技术还依赖 XR 硬件设备和交互工具的浏览器支持，使得用户可以通过浏览器访问 XR 设备。Web XR 的终极目标是将网络页面转变为交互式、沉浸式的 3D 环境。不仅如此，Web XR 还具备广泛的设备兼容性，可以在传统主流浏览器及 XR 浏览器上使用，如 Samsung Internet、Oculus Browser、Magic Leap Helio、HoloLens Servo 等。 在 Web XR 的使用中，约 20% 的用户反馈部分场景的运行帧率不太稳定。相关团队有必要优化画面质量，提升帧率稳定性，并提供更流畅的用户体验。基于 Web XR 设备的兼容性，用户可以访问虚拟世界，从而促进 VR 文化旅游项目的推广与普及。与传统的 Web 应用程序相比，Web XR 应用程序需要传输大量的 3D 图形数据。因此，Web XR 应用程序对数据和下载速度提出了更高的要求，同时对网络带宽和质量提出了更高的要求。此外，基于 JavaScript 的应用程序通常在浏览器中运行，其效率低于本机应用程序，这种效率差异在 XR 的功能受到浏览器限制时同样存在。

Three.js 是 Web XR 中常用的框架。将用户界面（UI）整合到 XR 场景中，这对 Web XR 至关重要。一些 UI 元素以 3D 模型的形式呈现，因此优化 3D 模型的渲染对 XR 应用程序非常关键。因此，高效地渲染 3D 模型在 Web XR 中具有重要作用。为了研究 Three.js 的渲染性能，研究人员将通过 Three.js 技术开发太阳系虚拟模拟作为测试案例，Three.js 的渲染性能主要关注材质和纹理。此外，美国航空航天局提供了高分辨率的太阳系纹理资源，使研究团队能够在不同分辨率的纹理和材质之间切换，更直观地进行对比，以评估 Three.js 的效率。

本节对 Three.js 中可用的主要材质类型进行了分析，包括基础材质、照明材质、Phong 材质、标准材质和物理材质。表 8–1 展示了这些材质支持的不同纹理通道。通过分析发现，Three.js 提供了多种不同类型的材质，用来渲染不同图像质量的场景。例如，标准材质和物理材质适用于高质量的 3D 主机游戏，它们支持粗糙度、金属度等纹理通道，这些通道得到了主流游戏引擎的支持。物理材质还提供了用于电影和电视渲染的清漆层通道。Phong 材质在主流中端图像质量的 VR 系统中表现良好，它支持照明、漫反射和法线贴图。照明材质支持光照和漫反射，基础材质则只支持最基本的漫反射贴图通道，不支持光照贴图。

表 8-1　材质和支持纹理通道统计

材质种类	光照贴图	漫反射贴图	法线贴图	粗糙度	金属度	清漆层
基础材质		√				
照明材质	√	√				
Phong 材质	√	√	√			
标准材质	√	√	√	√	√	
物理材质	√	√	√	√	√	√

　　通过对比试验，对 Three.js 中不同标准材质的构建速度进行了详细的分析。研究数据发现，这些材质的构建速度从最快到最慢分别是基础材质、照明材质、Phong 材质、标准材质和物理材质。表 8-2 展示了基于相同的分辨率纹理图（2048×1024），太阳系模拟在使用不同材质时

运行 100 次的平均效率测试结果。结果表明，随着材质的真实度增加，构建所需的时间也相应增加。具体而言，最高质量的物理材质加载时间比最低质量的基础材质慢了 17.44%。因此，开发人员在设计项目时必须在构建速度和图像质量之间进行权衡，尤其是在低功耗或 XR 设备上。尽管物理材质支持所有材质通道，但是它并不能提供最流畅的体验。同样，虽然基础材质加载速度最快，但是只支持漫反射，不支持光照，画质较低。因此，选择材质时，需要仔细考虑项目的需求和目标。

表8-2 材质渲染性能

单位：ms

材质种类	读取	脚本	渲染	绘制	系统	总时间
基础材质	3	831.1	97.4	200.0	199.1	1330.6
照明材质	3	885.5	94.7	205.7	189.1	1378.0
Phong 材质	3	927.4	92.2	216.8	186.5	1425.9
标准材质	3	950.3	91.7	261.6	183.2	1489.8
物理材质	3	1023.8	101.8	221.3	212.7	1562.6

测试了不同的材质后，针对标准材质设置了三组纹理测试，分别使用 1K、2K 和 4K 的分辨率。表 8-3 列出了不同纹理分辨率的效率测试结果。每组测试进行了 100 次，然后计算每组测试中各部分的平均时间。研究结果显示，更高的纹理分辨率对脚本和绘制部分产生了显著影响。同时，4K 纹理组的渲染负担明显大于其他组。尽管 1K 和 2K 组之间的系统部分表现没有明显差异，但是 4K 组的时间是 2K 组的 2.04 倍。此外，在脚本运行时间方面，2K 组仅比 1K 组多了 5.63%，4K 组则比 2K 组多

了 53.21%。这种时间差距在绘制部分尤为明显，2K 组的绘制时间仅比 1K 组多了 73.01%，而 4K 组的绘制时间则是 2K 组的 4.30 倍。在实验过程中，还出现了 4K 组纹理读取频繁失败的情况。为了进一步测试不同纹理组的成功率，进行了额外的实验，结果显示 1K 组的加载页面失败率为 0.42%，2K 组为 0.78%，4K 组为 4.12%。从综合的测试结果来看，Three.js 在 4K 或更高分辨率下渲染纹理需要较长的读取时间，而且存在加载失败的可能性。因此，如果 Web XR 应用程序对系统稳定性和速度有较高要求，设计 UI 时应避免使用 4K 纹理。

表8-3　不同纹理渲染性能

单位：ms

贴图纹理	读取	脚本	渲染	绘制	系统	总时间
1K	3	899.6	100.7	151.2	182.3	1336.8
2K	3	950.3	91.7	261.6	183.2	1489.8
4K	3	1456.0	87.4	1124.1	372.3	3042.8

通过深入分析 Three.js 等相关技术，发现了 VR 项目在技术实施方面的一些限制。在对现实世界的模拟中，研究者发现了不同材质类型和纹理分辨率对 VR 场景的构建差别。高品质材质和更高分辨率的纹理往往会带来更真实的视觉体验，但也会导致更长的加载时间、更多的资源占用和更复杂的操控，进而影响用户体验。

因此，画面质量对 VR 文化旅游项目产生了深远的影响。首先，高画质和逼真的三维场景可以增强用户的沉浸感和亲近感，使其更加深入地体验文化旅游内容。然而，随之而来的是资源需求的增加，包括更多的存储空间、更高的计算性能和更稳定的网络连接，这可能增加项目的开发和运维成本。其次，画面质量在一定程度上制约了 VR 体验的推广和普及。对于不同设备和网络环境下的用户，画质可能会有所差异，这导致部分用户的体验质量不一致，影响用户对 VR 文化旅游的认可度和满意度，从而影响项目的可持续发展。

未来，元宇宙的画面问题将涉及多方面的技术创新和细节关注。首先，高分辨率和先进的显示技术将为更清晰、更真实虚拟世界的创建提供支持。这将包括更高像素密度的 VR 头盔显示器、更大的视场角、更高的刷新率及更快的响应时间，实时光线追踪技术的广泛采用将带来了逼真的光照效果和阴影效果，进一步提升视觉效果。其次，实时图像处理和机器学习将被用来改善画面质量，包括降低噪点、提高纹理质量和增强物体细节。用户将根据个人喜好和设备性能调整画面，以获得最佳体验。同时，标准化和兼容性的建立将确保不同设备的一致性，无论是 VR 设备，还是 AR 眼镜，用户都能享受到类似的高质量体验。最后，文化与技术的深度融合将促进 VR 文化旅游项目的发展。从艺术与科学的融合到用户体验的全方面提升，确保 VR 技术为文化旅游产业发展提供好的方案。

8.3 元宇宙与文化旅游结合的新格局

未来，元宇宙与文化旅游的结合将呈现出一种全新的格局，融合了虚拟与现实交融、数字资产和内容创造、开放与合作、数据驱动与区块链应用、多样性、创新与发展等多个特点。两者的结合有助于构建一个虚拟与现实交融的数字世界，丰富文化旅游的内容，提升文化旅游的质量，为游客提供更深入、更多元化的文化旅游体验。

　　第一，元宇宙的虚拟与现实交融特点将给游客带来一种前所未有的身临其境感。通过元宇宙的技术支持，游客能够实时沉浸在虚拟世界中，穿越时空，亲身参观一些名胜古迹。例如，游客可以漫游古罗马的废墟，欣赏古代建筑的壮丽，感受历史的厚重。虚拟与现实的交融使游客的文化旅游体验更加真实，使游客感受到文化遗产的价值和魅力。这种身临其境的体验能够加深游客对文化遗产的认知和情感。虚拟与现实交融还能够拓展文化旅游的边界，使游客参与历史事件的重演。通过 VR 技术，游客可以亲身经历重要的历史时刻，与历史人物互动，感受那个时代的氛围，引发情感共鸣。

　　第二，元宇宙的数字资产和内容创造特点将丰富文化旅游的内容。在元宇宙中，文化遗产和旅游景点可以通过数字技术被转化为虚拟资产，供创作者创作、共享和交易。元宇宙中的数字资产交易机制将给文化旅游带来更多的商业机会，创作者可以通过交易虚拟文化资产获得收益，从而激励更多人参与文化内容的创作。同时，游客可以通过购买虚拟文化资产获取更丰富的体验，从而实现了文化旅游内容的市场化运作。这种数字化的创作和交易模式将为文化旅游注入新的商业动力，促进文化旅游产业的可持续发展。

　　第三，元宇宙的开放与合作特点将推动各方共同创作文化旅游内容。在元宇宙中，游客可以参与虚拟旅游内容的创作，文化旅游从业者、历史学家、艺术家等也可以参与其中，共同打造丰富、真实的虚拟旅游内容。这可以促进知识的共享和传承，丰富文化旅游的内涵。在传统的文化旅游中，游客通常是被动的观赏者，而元宇宙的开放与合作特点赋予了游客更多的参与权利和创作空间，游客可以通过虚拟体验的交互，参与内容的创作。与此同时，各领域的专业人士可以在元宇宙中分享知识、经验和创意，为虚拟旅游内容的丰富提供支持。这种协同合作的模式将打破传统旅游的界限，实现游客与从业者之间的深度互动和合作。

　　第四，元宇宙的数据驱动与区块链应用特点将显著提升文化旅游的质量和安全性。借助数据分析，相关团队能够更深入地了解游客的兴趣，从而为游客提供个性化的虚拟体验。元宇宙中的互动和交易都会产生大量的数据，这些数据可以被收集和分析，帮助文化旅游从业者更好地了解游客的需求，从而为游客提供更有针对性的虚拟体验。例如，通过分析游客的历史浏览记录、互动行为和偏好选择，可以为他们推荐最符合其兴趣的虚拟场景、展览或活动，使每位游客都获得定制化的文化旅游体验。区块链的应用将进一步增强虚拟旅游的安全性。这些数字资产可能涵盖虚拟物品、数字艺术等多种内容形式。区块链作为一个去中心化的分布式账本技术，可以确保虚拟资产的产权、来源和交易记录不被篡改或伪造。游客可以放心地购买虚拟商品，参与虚拟艺术品交易，无须担心出现虚假、侵权等情况。区块链还可以为虚拟旅游内容的评价和推荐提供可信的依据。游客可以在区块链上留下对虚拟旅游的评价，这些评价将被记录在不可篡改的区块中，供其他游客参考。基于区块链的评价系统将减少虚假评论，提供更加公正和可信的参考信息，进而提升游客对虚拟旅游的信任度。

第五，元宇宙的多样性特点将丰富文化旅游的体验内容。不同的人有不同的爱好和需求，而元宇宙的多样性特点支持开发人员针对不同的游客设计不同的虚拟旅游内容。例如，一些游客可能对历史文化感兴趣，可以在元宇宙中参观虚拟历史遗迹；一些游客可能喜欢娱乐和游戏，可以参与虚拟角色扮演活动；一些游客可能追求社交，可以在虚拟环境中与其他游客共同探索。这种多样性的内容将吸引更多的游客，使他们获得多样化的文化旅游体验。

第六，元宇宙的创新与发展特点将推动文化旅游持续发展。元宇宙的发展将促进技术突破和内容创新。随着 VR 技术的发展，用户界面和操控方式不断优化，游客可以更自然、更轻松地与虚拟环境互动。同时，随着计算机图形学和渲染技术的不断进步，虚拟环境的逼真度得到显著提升。更高分辨率的纹理、更精细的细节和更流畅的动画带给游客更震撼的视觉体验。总体而言，创新与发展的特点在元宇宙与文化旅游的结合中起着重要作用。通过不断的技术突破和内容创新，国内外相关开发团队有望创造出更出色的虚拟旅游项目，带给游客难忘的虚拟旅程。这将使文化遗产得以更好地传承，游客得以更深入地体验。

参考文献

[1] 郭璐，王晓磊，周荣庭.Open XR 技术标准下增强现实出版物的融合创新 [J].科技与出版，2019（4）：71-75.

[2] 魏翔.数字旅游：中国旅游经济发展新模式 [J].旅游学刊，2022，37（4）：10-11.

[3] 胡海燕，经渊.文旅融合的数字化变革：基于国际视野的文献回顾 [J].图书馆学研究，2021（22）：2-8.

[4] 张宁，BAPTISTA NUNES M，李俊炀，等.面向中华古籍阅读推广与文化传播的 VR 系统模型构建与实现 [J].图书情报工作，2021，65（13）：12-24.

[5] 王稳苓，刘毅.观想与往生：毗卢寺水陆壁画的视觉场域研究 [J].美术观察，2016（1）：113-117.

[6] 孙可.基于"VR+文化"的毗卢寺壁画保护与传播策略 [J].包装工程，2023，44（6）：320-327.

[7] 潘彤声.基于虚拟现实的三峡库区水下传统建筑交互展示研究：以清烈公祠为例 [J].装饰，2020（3）：132-133.

[8] 闫润，黄立波，郭辉，等.实时光线追踪相关研究综述 [J].计算机科学与探索，2023，17（2）：263-278.

[9] 傅莺莺，田振坤，李裕梅.方差分析的回归解读与假设检验 [J].统计与决策，2019，35（8）：77-80.

[10] 方凌智，沈煌南.技术和文明的变迁：元宇宙的概念研究 [J].产业经济评论，2022（1）：5-19.

[11] 孙承健.基于人机社会交互的乌托邦与反乌托邦：元宇宙与未来电影的文化竞争力 [J].当代电影，2021（12）：13-19.